Channels

Englischlehrwerk für die Erwachsenenbildung

Workbook 1

Max Hueber Verlag

Channels
Englischlehrwerk für die Erwachsenenbildung

Workbook 1

von Hans G. Hoffmann
in Zusammenarbeit mit Margret Beran, Ulrich Hartwig, Roy Mepham, Waltraud Ockert, Dr. Günter Porsch,
William Pratt, Janice Probert, Christine Reichelt, Gabriele Schramm, Marion Sterz und Wilfried Wagner

Materialbeschaffung und Recherchen: Brigitte Hoffmann
Sprachliche Durchsicht und Beratung: Delphine Lettau
Zeichnungen: Gabriele Bäumler
Fotos: Hans G. Hoffmann
Umschlagentwurf: Uwe Göbel
Verlagsredaktion: Dr. Kurt Bangert

Hinweise für den Gebrauch des Buches

Ein Schrägstrich /
steht vor alternativen, d. h. ebenfalls möglichen und ebenso richtigen Ausdrucksmöglichkeiten.

Abkürzungen
AE = Amerikanisches Englisch
BE = Britisches Englisch

Klammern in den deutsch-englischen Übersetzungsübungen
(Runde Klammern) = Übersetzungshilfen
<Spitze Klammern> = Nicht zu übersetzende Wörter

Semikolons (;) im Schlüssel
Werden im Schlüssel nur die einzusetzenden Wörter angegeben, so steht zwischen mehreren
einzusetzenden Wörtern jeweils ein Semikolon (; = Strichpunkt).

Kurzformen
Im Schlüssel werden die folgenden Kurzformen verwendet. Statt ihrer können (besonders bei
langsamem, betonendem Sprechen) auch die Langformen stehen.

-'d = would	-'re = are	-n't = not
-'ll = will	-'s = is/has	
-'m = am	-'ve = have	

---

4. 3. 2. | Die letzten Ziffern
1998 97 96 95 94 | bezeichnen Zahl und Jahr des Druckes.
Alle Drucke dieser Auflage können, da unverändert,
nebeneinander benutzt werden.
1. Auflage
© 1992 Max Hueber Verlag, D-85737 Ismaning
Satz: Typographie Dreitausend, München
Gesamtherstellung: Ludwig Auer GmbH, Donauwörth
Printed in Germany
ISBN 3-19-012391-8

Inhaltsverzeichnis

Coursebook und Workbook: Wie Sie damit am besten lernen

Einmal oder zweimal in der Woche gehen Sie zu Ihrem Englischkurs mit *Channels Coursebook 1.* Das vorliegende *Workbook* (= [Haus-]Arbeitsbuch) soll Ihnen ein freundlicher Begleiter zwischen den Unterrichtsstunden sein – gewissermaßen Ihr privater Englischlehrer, der Ihnen nun zunächst einige Lerntips geben möchte.

Machen Sie bitte in der Regel erst dann die Übungen der *Workbook*-Lektion, wenn die entsprechende *Coursebook*-Lektion im Gruppenunterricht bereits durchgenommen ist, arbeiten Sie also nicht voraus. Sie vermeiden damit, daß Ihnen im *Workbook* Wörter begegnen, die Sie noch nicht kennen oder die Sie möglicherweise falsch aussprechen.

Wichtig für das Vokabellernen:
Lernen Sie Wörter nicht einzeln, sondern stets im Zusammenhang. Also:
z. B. in Lektion 1 <u>nicht</u> *at = in*,
<u>sondern</u> *at most bookshops = in den meisten Buchhandlungen*!
Und z. B. in Lektion 2 <u>nicht</u> *have = haben*,
<u>sondern</u> *have you got the book? = haben Sie das Buch?*

Ein weiterer Tip: Machen Sie auch regelmäßig Übungen schriftlich. Sie haben dann eine bessere Grundlage für den Vergleich mit dem Schlüssel (ab Seite 90). Außerdem prägen sich Ihnen die Wörter und Redewendungen beim Schreiben besser ein.

Was den Lösungsschlüssel angeht: Er ist eine wichtige Lernhilfe, wenn Sie ihn richtig gebrauchen. Also: Nicht zu schnell die Lösung nachsehen, sondern sich erst richtig auf eine eigene Antwort festlegen, am besten schriftlich! Sie haben dann, falls Sie einen Fehler gemacht haben, ein echtes Aha-Erlebnis, das Ihnen hilft, sich die richtige Lösung zu merken.

Eine schriftliche Übung, die Sie in jeder Lektion immer wieder aufs neue mit Gewinn machen können, ist diese:
Sie schreiben den Haupttext der *Coursebook*-Lektion – oder einen Teil davon – ab und lassen beim Abschreiben für jedes fünfte Wort eine Lücke. Zu einem späteren Zeitpunkt versuchen Sie dann, die fehlenden Wörter einzusetzen. Wenn Sie jedes vierte Wort auslassen, wird die Übung schwerer; lassen Sie jedes sechste Wort aus, wird sie leichter. Mit dieser Übungsform schlagen Sie gleich mehrere Fliegen mit einer Klappe: Sie üben die Rechtschreibung, festigen die Wörter und Wendungen, testen beim Füllen der Lücken Ihr Textverständnis und die Kenntnis der fehlenden Wörter und werden aufmerksam auf grammatische Konstruktionen, die Ihnen besondere Schwierigkeiten machen und die Sie daher besonders intensiv üben und wiederholen müssen.

Vergessen Sie nicht, auch zu Hause das Hören und laute Sprechen zu üben. Dafür eignet sich sehr gut die Cassette/CD zum *Coursebook* (Hueber-Nr. 2.2391/9.2391), auf der Sie Tonaufnahmen zu allen mit dem Symbol gekennzeichneten *Coursebook*-Abschnitten finden. Machen Sie regelmäßig Hör-Sprech-Übungen der folgenden Art:
1. Eine kurze Wortfolge hören.
2. Pausetaste drücken.
3. Die Wortfolge nachsprechen.
4. Pausetaste lösen.
1. Die nächste Wortfolge hören. usw.

Das regelmäßige Arbeiten mit der Toncassette ist auch für die Entwicklung des Hörverstehens in der Fremdsprache von großer Bedeutung.

Inwieweit Ihnen die Lautschrift (überwiegend im *Coursebook* im Wörterverzeichnis nach Lektionen und im Wortschatz- und Namenregister) beim Lernen der Aussprache helfen kann, hängt natürlich davon ab, in welchem Maß Sie die Sonderzeichen der Lautschrift zu deuten verstehen. Sie finden die Lautschrift auf der Innenseite des hinteren Buchdeckels im *Coursebook* und im *Workbook* (Seite 104) erklärt. Machen Sie sich mit den Zeichen allmählich vertraut; versuchen Sie nicht, sie auf einen Schlag zu lernen.

Ein Wort zu den grammatischen Fachausdrücken: Sie werden in diesem *Workbook* nur ganz sparsam verwendet. Falls ihre Bedeutung nicht auf Anhieb verständlich ist, werden sie auch immer sofort erklärt oder durch Beispiele erhellt. Grammatik ist in diesem Lehrwerk niemals Selbstzweck, d. h. grammatische Aussagen werden nur gemacht, wenn sie geeignet sind, Ihnen das Lernen zu erleichtern.

Mitunter wird Ihnen das Englischlernen schwierig vorkommen, und vielleicht denken Sie: Das lerne ich nie! Wenn Sie einmal an einem solchen Punkt sind, halten Sie sich bitte folgendes vor Augen: Das Lehrwerk ist so aufgebaut, daß alles Wichtige immer wieder vorkommt. Aus Erfahrung wissen wir, daß die Wörter, Wendungen und grammatischen Strukturen sich durch das ständige Üben und Wiederholen einprägen. Sie können das selber testen: Schauen Sie sich in vier bis sechs Wochen den Stoff wieder an, der Ihnen im Augenblick gerade Probleme bereitet. Sie werden sich vielleicht fragen, was Ihnen vorher daran so schwer vorgekommen ist. Dafür macht Ihnen der dann gerade aktuelle Stoff

Schwierigkeiten, die ihrerseits in ein paar Wochen verflogen sein werden.

Bedenken Sie auch dies: Fünf- oder sechsmal die Woche eine Viertelstunde üben ist besser als einmal die Woche zwei Stunden! Halten Sie also Ihre Englischsachen stets bereit, so daß Sie ein wenig lernen und üben können, wo immer sich eine Gelegenheit ergibt: auf dem Weg zur oder von der Arbeit, wenn Sie beim Arzt oder auf einer Behörde warten müssen usw. Auch zu Hause sollte sich mehrmals in der Woche eine Möglichkeit finden lassen, 15 bis 20 Minuten ungestört Englisch zu machen.

Versuchen Sie, regelmäßig am Englischunterricht teilzunehmen. Dort erleben Sie die Fremdsprache in der natürlichen, lebendigen Anwendung: im Gespräch, in gemeinschaftlichen Aktivitäten und unter ständiger Begleitung durch Ihre Lehrerin oder Ihren Lehrer. Wenn Sie einmal im Unterricht fehlen müssen, kann Ihnen dieses *Workbook* helfen, den versäumten Stoff nachzuarbeiten. Besonders günstig ist es, wenn Sie im Englischkurs jemand kennen, mit dem Sie gelegentlich gemeinsam lernen und üben und den Sie nach dem durchgenommenen Stoff fragen können, wenn Sie einmal gefehlt haben.

Nutzen Sie beim Englischlernen auch die Möglichkeiten, die Ihnen die moderne Technik bietet: z. B. die englischen Nachrichtensendungen (besonders der Überblick jeweils zu Beginn der Nachrichten) des BBC World Service, die englischsprachigen Fernsehsendungen, die Sie über Satellit oder Kabel empfangen können, das Hören der *Coursebook*-Cassette im Auto oder mit Walkman.

Wir wünschen Ihnen Freude und Erfolg beim Englischlernen mit *Channels*.

Verfasser und Verlagsredaktion

1 Welcome!

Willkommen zur ersten Englischstunde! Falls Sie gerade erst mit Englisch angefangen haben, müssen Ihnen die vielen englischen Sätze der ersten Lektion recht schwierig vorgekommen sein. Jetzt sitzen Sie zu Hause und wollen alles nacharbeiten. Lassen Sie uns das zusammen tun – immer eins nach dem andern.

Zunächst: Die erste Lektion fällt – wie auch die zweite – aus dem Rahmen. Erst mit Lektion 3 beginnt der normale Stoff.

Sinn der ersten Lektion ist es, Sie gleich ans Sprechen zu bringen, und zwar mit Dingen, die normalerweise in einer ersten Englischstunde vorkommen: Man lernt sich kennen, die Kursleiterin oder der Kursleiter stellt sich vor, man redet über das Lehrbuch, man klärt ein paar Verfahrensfragen für die Zukunft. Die erste Lektion sagt Ihnen, wie man das alles auf englisch macht.

Beachten Sie: Die Sätze, die Sie in den ersten beiden Lektionen lernen, brauchen Sie nicht grammatisch zu „begreifen" – es geht nur darum, daß Sie sie – gewissermaßen als Vokabeln – verstehen und selbst sprechen können.

1.   Hier sind alle englischen Sätze und Redensarten der ersten Lektion. Hören Sie sie von der Cassette, und sprechen Sie sie nach oder (mit Pausetaste) mit, bis die Aussprache „sitzt".

Hello. I'm Mark Peters.
Hi, Mark. I'm Sandra Martin.

Good evening, ladies and gentlemen.
I'm Angela Carter.
I'm your English teacher.
Welcome to this English class.

Excuse me. Is this the English class?
Yes, it is. Come on in.

Look. This is your English book.
You can get it at most bookshops.

Write your first name on a piece of paper,
please.
Fold it, please.
Place it in front of you, please. – Like this.
Thank you.

Where are you from, Mark?
I'm from Dresden.

Goodbye. See you next Tuesday.

Bye, Sandra.
Bye-bye. See you next week.

2. Versuchen Sie sich zu erinnern (oder schauen Sie nach), was man sagen kann …

a. … wenn man jemand begrüßt (3 Möglichkeiten):

b. … wenn man sich verabschiedet (3 Möglichkeiten):

c. … wenn man ausdrücken will, wer man ist:

d. … wenn man Leute zu einem Englischkurs begrüßt:

e. … wenn man jemand auffordert, zur Tür hereinzukommen:

f. … wenn man ausdrücken will, daß das Englischbuch in den meisten Buchhandlungen zu bekommen ist:

g. … wenn man will, daß jemand seinen Vornamen auf ein Stück Papier schreibt:

h. … wenn man will, daß jemand das Stück Papier faltet und vor sich aufstellt:

3. Als nächstes fragen Sie bitte jemand ...

a. ... wo er/sie her ist:

_____

b. ... ob dies der Englischkurs ist:

_____

c. ... ob dies sein/ihr Englischbuch ist:

_____

4. Schreiben Sie aus den englischen Sätzen dieser Lektion alle Sätze mit _I'm_ heraus.

a. Wovon ist _I'm_ die Kurzform?
b. Was heißt _I'm_ auf deutsch?

5. Geben Sie Auskunft über sich selbst, d. h. sprechen und schreiben Sie Sätze mit _I'm_.

I'm	Petra Berger (etc.) from Kassel (etc.) in Angela Carter's (etc.) English class

6. Als letztes ein kleiner Gedächtnistest. Sprechen Sie die folgenden Sätze möglichst schnell, und füllen Sie dabei die Lücken.

Good evening, ladies and _____.

Welcome to this English _____.

You can get the book at most _____.

Please write your name on a piece of _____.

Bye-bye. See you next _____.

Gehen Sie jetzt bitte weiter zur nächsten Lektion, auch wenn Sie das Gefühl haben, den Stoff dieser ersten Lektion noch nicht zu beherrschen. Ein wichtiges Prinzip dieses Lehrwerks ist, daß alles Wichtige laufend wiederholt wird. Dies gilt für die Aussprache und Bedeutung der Wörter; es gilt vor allem auch für den grammatischen Aufbau der Sätze, mit dem Sie sich in den beiden Einführungslektionen ja ohnehin noch nicht zu beschäftigen brauchen – all das wird später in kleinen Schritten ausführlich geübt und erklärt.

2 Nice to see you again

In Lektion 1 haben Sie Sätze gelernt, die in einer ersten Unterrichtsstunde auf englisch gesagt werden könnten. Lektion 2 nun bietet Sprachmaterial, das in allen nachfolgenden Englischstunden vorkommen könnte: Man trifft sich wieder, begrüßt sich und fragt: „Wie geht's?", man erkundigt sich nach Leuten, die fehlen, man wird von der Lehrerin/vom Lehrer begrüßt und zu sprachlicher Aktivität angeregt. Denken Sie daran: Wie in der ersten geht es auch in dieser Lektion nicht darum, daß Sie die Sätze grammatisch begreifen; es genügt, wenn Sie sie verstehen und sprechen können.

1. Hören Sie bitte die folgenden drei Abschnitte noch einmal intensiv von der Cassette, und sprechen Sie die Texte mit oder (mit Pausetaste) nach.

Karen:	Hello, Anne!
Anne:	Hello, Karen. How are you?
Karen:	I'm fine, thanks. And you?
Anne:	Very well, thank you.

Mark:	Hi, Sandra. Nice to see you again.
Sandra:	And y<u>ou</u>. … How are you?
Mark:	Fine, thanks. Where's Amanda?
Sandra:	I've no idea.

Teacher:	Good evening, everyone.
	Nice to see you all again.
	Oh, hello, you're new.
	Welcome to the class.
	There's a seat over there.
	What's your name?

2. Als nächstes suchen Sie aus den drei kleinen Abschnitten alle Kurzformen (mit „Häkchen": ') heraus, schreiben Sie die Langformen dazu, und übersetzen Sie sie.

I'm   = I am   = ich bin

where's   = _____   = _____

_____   = _____   = _____

_____   = _____   = _____

_____   = _____   = _____

_____   = _____   = _____

3. So begrüßt man sich häufig, wenn man sich wiedersieht:

Hello / Hi … How are you?
Wie können Sie auf *How are you?* antworten?

_____

_____

4. Zwei Ausdrücke für *danke* haben Sie bisher kennengelernt. Welche sind das?

_____

_____

5. Nun hören Sie bitte die beiden nächsten Abschnitte mehrmals von der Cassette, und üben Sie dabei gründlich die Aussprache.

Teacher: Have you got the book?
Mark: Yes, I have.
Teacher: Have you got a pen?
Mark: Yes, I have.
Teacher: Have you got a ring binder?
Mark: No, I haven't. But I've got a notebook.
Teacher: That's fine. But a ring binder is better.

Teacher: Shall we shut the window?
           Thank you, Daniel.
           Right. Now let's do the crossword.
           Okay? It's on page 15.
           … Finished? Okay – one across.
           What have <u>you</u> got, Anne?

6. Hier haben Sie eine englische Konstruktion kennengelernt, die uns vom Deutschen her seltsam vorkommt:

Have you got a ring binder?	*Haben Sie ein Ringbuch?*
I've got a notebook.	*Ich habe ein Schreibheft.*

Das *got* (eigentlich = *bekommen*) hat hier keine direkt übersetzbare Bedeutung. Man kann die Sätze auch ohne *got* formulieren – aber die Form mit *got* ist im modernen Englisch häufiger.

Have you a ring binder?	*Haben Sie ein Ringbuch?*
I have a notebook.	*Ich habe ein Schreibheft.*

Beachten Sie auch die zu einer Kurzform zusammengezogene Kombination *have not*:

Have you got a ring binder? – No, I haven't (= I have not).

7. Schön wäre es, wenn Sie die folgende Übung mit jemand zusammen machen könnten: „Checken" Sie, ob der/die andere alles für den Unterricht hat – die Antwort ist dann immer entweder *Yes, I have* oder *No, I haven't*.

Have you got	the book a pen a ring binder a notebook a piece of paper	?	Yes, I have. No, I haven't.

8. Nun wieder ein kleiner Gedächtnistest. Sprechen Sie die folgenden Sätze, und füllen Sie dabei die Lücken. Falls Ihnen die Übung Schwierigkeiten bereitet, machen Sie sie bitte schriftlich.

a. The crossword is _____ page 15.

b. I haven't got a ring binder _____ I've got a notebook.

c. Oh, you're new – welcome _____ the class!

d. There's a seat over _____

e. I've no idea _____ Amanda is.

f. See you _____ Tuesday.

g. You can get the book _____ most bookshops.

h. Write your name _____ a piece of paper, please.

i. Place it in front _____ you, please.

9. *Shall we shut the window? = Sollen wir das Fenster zumachen?*
Shall we ist ein nützlicher Ausdruck, um einen Vorschlag einzuleiten.
Was bedeuten die folgenden Vorschläge auf deutsch?

> <u>Shall we</u> write it on a piece of paper?
> <u>Shall we</u> do the crossword?

Im letzten Abschnitt in [5] ist noch ein anderer Ausdruck, mit dem man einen Vorschlag bzw. eine Aufforderung einleiten kann:

> Let's (= Let us) do the crossword.
> *Lassen (Sie) uns das Kreuzworträtsel machen.*

Nun fordern Sie mit *let's* dazu auf ...

a. ... das Fenster zu schließen: _____

b. ... „es" auf ein Stück Papier zu schreiben: _____

10. Im dritten Abschnitt von [1] ist ein Satz, in dem zweimal das Wort *there* vorkommt. Für Engländer ist diese Ausdrucksweise ganz normal; uns erscheint sie eigenartig:

> There's a seat over there.   (*„Da ist / Es ist* ein Platz da drüben."
> = There is a seat over there.   *„Es gibt* einen Platz da drüben.")
>   *Da drüben ist ein Platz.*

Das *there is* am Anfang dieser Konstruktion bedeutet also so etwas wie *es ist (vorhanden),* auch wenn das in der deutschen Übersetzung oft nicht zum Ausdruck kommt. Entsprechend könnte man Sätze wie die folgenden bilden. Können Sie sie übersetzen?

> There's a bookshop in Bahnhofstraße.
> There's a pen in front of you.
> There's a crossword on page 15.

11. Letzte Kontrolle zum Abschluß dieser Lektion. Übersetzen Sie bitte die folgenden Sätze.

a. Wie geht es Ihnen?
b. Schön, Sie wiederzusehen.
c. Wo ist das Buch? – Ich habe keine Ahnung.
d. Wie ist Ihr Name?
e. Da drüben ist ein (Sitz-)Platz.
f. Haben Sie ein Ringbuch?
g. Ich habe ein Schreibheft.
h. Sollen wir das Kreuzworträtsel machen?

Den Anfang haben Sie geschafft. Sinn der ersten beiden Lektionen war es, Ihnen einen recht lebendigen Einstieg in die Sprache zu ermöglichen, bei dem Sie Ihre Mitstudierenden kennenlernen und viel Übung im Hören und Sprechen haben. Nach welchen Regeln die Sätze konstruiert werden, werden Sie erst nach und nach erkennen.

3 Where is it?

Während die beiden Einführungslektionen im Klassenzimmer spielten, versetzt Sie diese dritte Lektion – die erste „normale" – gleich nach London in eine Situation, die auch Sie jederzeit erleben könnten oder schon erlebt haben: Sie sind bei einem *hotel booking agent* (= *Hotelzimmervermittlung*) – vielleicht *at Heathrow Airport* oder *at Victoria Station* – und buchen dort ein Zimmer.

In den Texten und Übungen dieser Lektion steht das Wort *is* im Mittelpunkt und wird in vielerlei Verbindungen geübt. *Is* (und die verkürzte Form *'s*) gehört zu den 10 häufigsten Wörtern der englischen Sprache – es ist ein Wort, mit dem Sie enorm viel ausdrücken können.

Bei den folgenden Übungen setzen wir voraus, daß Sie die Tonaufnahme dieser Lektion mehrfach gehört und die Texte intensiv mit- oder nachgesprochen haben. Wenn Sie sich der Aussprache mancher Wörter noch nicht sicher sind, üben Sie bitte zunächst noch einmal mit der Cassette.

1. Bilden Sie Sätze, mit denen Sie sagen, wo das Theater, das Restaurant etc. ist. Schreiben Sie die Sätze auf, und sprechen Sie sie. Beispiel:

> The Globe Theatre is in Shaftesbury Avenue, near Piccadilly Circus.

Globe Theatre
Shaftesbury Avenue
(Near Piccadilly Circus.)

New World Restaurant
Gerrard Place
(Between Shaftesbury Avenue and Gerrard Street.)

Regent Palace Hotel
Glasshouse Street
(Just off Piccadilly Circus.)

Plaza Cinema
Lower Regent Street
(On the corner of Jermyn Street.)

Red Lion Pub
Duke of York Street
(Off Jermyn Street.)

2. Sie haben inzwischen eine Reihe von Wörtern und Wortgruppen kennengelernt, mit denen sich ausdrücken läßt, wo sich etwas befindet. Diese Ausdrücke wollen wir uns jetzt näher ansehen.

Lesen Sie jeweils den Satz, und veranschaulichen Sie sich dann auf der Kartenskizze (*Coursebook* S. 17), was die Lageangabe bedeutet.

The Globe Theatre is <u>near</u> Piccadilly Circus.
in der Nähe des Piccadilly Circus

The Red Lion is <u>off</u> Jermyn Street.
(„ab[gelegen] von", d. h.:) in einer Nebenstraße der Jermyn Street

The Regent Palace Hotel is <u>just off</u> Piccadilly Circus.
gleich beim / ganz in der Nähe des Piccadilly Circus

The Plaza Cinema is <u>on the corner of</u> Jermyn Street.
(an der) Ecke (der) Jermyn Street

Gerrard Place is <u>between</u> Shaftesbury Avenue and Gerrard Street.
zwischen Shaftesbury Avenue und Gerrard Street

---

3. Testen Sie nun, ob Sie mit diesen Wörtern umgehen können – setzen Sie sie in die folgenden Sätze ein. Es kommen auch Wörter und Wortgruppen vor, die nicht in [2] erklärt sind, und einige Sätze aus den ersten beiden Lektionen.

Setzen Sie die Wörter aus der folgenden Liste ein.

at, between, in, in front of, just off, near, off, on, on the corner of, to

a. The Regent Palace Hotel is _____ the West End.

b. The hotel is _____ Glasshouse Street and Sherwood Street.

c. The New World Restaurant is _____ Shaftesbury Avenue.

d. The Globe Theatre is _____ Shaftesbury Avenue, _____ Rupert Street.

e. The Plaza Cinema is _____ Piccadilly Circus.

f. You can get the book _____ most bookshops.

g. Write your name _____ a piece of paper, fold it, and place it _____ you.

h. Oh, you're new – welcome _____ the class!

i. The crossword is _____ page 15.

4. Hören Sie bitte noch einmal den Text [4] (*Coursebook* S. 19) aufmerksam von der Cassette, und sprechen Sie ihn mit oder (mit Pausetaste) nach. Klären Sie Textstellen, die noch unklar sind, mit Hilfe des Wörterverzeichnisses im *Coursebook* (S. 145).

5. Lesen Sie den Text nun noch einmal, und setzen Sie dabei bitte die fehlenden Wörter ein.

Customer: Sixty pounds _____ night? Hmm. You _____ the hotel is in the West End?

Agent: Yes, just off Piccadilly Circus in _____. Here's a _____. Look.
This is Piccadilly Circus, the hotel is _____, between Glasshouse Street and Sherwood Street. The tube station is _____ yards away.

Customer: Okay then. It's very central _____.

Agent: Yes, it's _____ in the heart of the West End.

6. Sie möchten jemand Informationen über das Regent Palace Hotel geben. Tun Sie das, indem sie die folgenden Sätze vervollständigen.

The hotel is right in the heart _____.

In fact, it's just _____.

It's between Glasshouse Street _____.

The tube station is just _____.

You can have a room for _____.

7. Versuchen Sie, die Fragen zu den Antworten in dieser Übung zu formulieren. Die Wörter in Klammern helfen Ihnen dabei.

(Diese Übung ist nicht ganz leicht. Falls sie Ihnen nicht gleich gelingt, schauen Sie bitte die Lösungen im Schlüssel nach und machen die Übung zu einem späteren Zeitpunkt noch einmal.)

a. (the Globe Theatre)   – It's in Shaftesbury Avenue.
b. (the hotel)   – It's sixty pounds a night.
c. (a pen)   – No, I haven't.
d. (your name)   – Sandra.
e. (you)   – Fine, thanks.
f. (the crossword)   – It's on page 15.
g. (you)   – I'm from Berlin.

8. Kennen Sie die englische Entsprechung? Schreiben Sie die Sätze, bei denen Sie Fehler machen, anschließend einzeln auf ein Stück Papier, und legen Sie sie in Ihrer Wohnung an gut sichtbarer Stelle hin, damit sie Ihnen immer wieder ins Auge fallen.

a. Wo ist das Restaurant?
b. Was kostet das Hotel?
c. Ich habe keine Ahnung.
d. Es ist jedenfalls sehr zentral.
e. Wo sind Sie her?
f. Da drüben ist ein Sitzplatz.
g. Wie geht es dir?

In dieser Lektion ist viel an Wörtern, Namen und Redensarten auf Sie eingestürmt. Vielleicht haben Sie das Gefühl bekommen: Das lern ich nie! Doch, Sie werden es lernen, und zwar dadurch, daß Sie immer wieder Übung im Hören und Sprechen bekommen, wobei das Sprachmaterial laufend „umgewälzt" und in kleinen Portionen in Ihren Sprachschatz eingegliedert wird. Was die Beherrschung des gerade aktuellen Stoffes angeht, „hinken" Sie zwar ständig hinterher, tatsächlich wird aber Ihr Sprachschatz laufend größer, d. h. Sie lernen Englisch, ohne es richtig zu merken.

4 Where are you from?

Während in der vorigen Lektion das vielseitige Wörtchen *is* im Mittelpunkt stand, ist es diesmal das wichtige Gegensatzpaar *I am – you are.*

> Beachten Sie bitte, daß *you* im Deutschen *du / Sie / ihr* sein kann:
> are you German? = bist du Deutsche(r)? / sind Sie Deutsche(r)? / seid ihr Deutsche?

Ansonsten lernen Sie hier noch etwas besonders Wichtiges: die Namen der wichtigsten Länder, d. h. wie man ausdrückt, aus welchem Land jemand kommt und welcher Nationalität er / sie ist.

1. Schauen Sie sich den ersten Text (*Coursebook* S. 23) noch einmal an. Haben Sie die Aussprache ausreichend geübt? Wenn nicht, tun Sie es bitte jetzt: hören und mitsprechen oder (mit Pausetaste) nachsprechen.

Meeting in Paris

The European agents of DataTec, the US software company, are in Paris for a meeting:

Philip King from London, DataTec's agent for the UK and the Irish Republic.
Marion Wagner from Stuttgart, the company's agent for Germany, Switzerland and Austria.
Fernando Herrero from Madrid, the agent for Spain and Portugal.
Laura Torino from Rome, the agent for Italy.
And Pierre Lafontaine from Paris, DataTec's agent for France, Belgium and the Netherlands.

They speak five different languages: English, German, Spanish, Italian, and French.
But they also have a common language: English.

2. Und jetzt sagen (und schreiben) Sie bitte über jede der Personen in dem Text zwei Sätze – entsprechend dem folgenden Beispiel.

> Philip King is from England. He's English.

Machen Sie nun also entsprechende Aussagen über Marion Wagner, Fernando Herrero, Laura Torino und Pierre Lafontaine.
Beachten Sie:
Für männliche Personen brauchen Sie *he*.
Für weibliche Personen brauchen Sie *she*.

3. Ja, tatsächlich: in London *just off Piccadilly Circus* gibt es eine *burger bar*, und draußen vor der Tür fahren die *sightseeing buses* ab. Na ja, und wenn Sie täglich acht Stunden als *tour guide* arbeiten und dabei vier Touren zu je 1 1/2 Stunden absolvieren, dann bleibt Ihnen nach Adam Riese zwischen einer Tour und der nächsten immer eine halbe Stunde, und in der sitzen Sie dann wie Sharon in der *burger bar* und essen einen *burger – hamburger, cheeseburger* (mit Käse), *beefburger* (mit Rindfleisch), *porkburger* (mit Schweinefleisch), *fishburger* (mit Fisch) –, oder was es sonst noch für *burgers* gibt.

Hat es Sie gewundert, daß Sharon Irin ist (*she's Irish – from Dublin*)? Man möchte ja eigentlich meinen, daß die *tour guides* allesamt waschechte Londoner wären, aber das ist nicht der Fall. Es ist ein typischer *summer job* für Leute aus aller Welt, die nur folgende Bedingungen erfüllen müssen:

Must speak good English and have a clear voice and pleasant manner. (= Muß gut Englisch sprechen und eine deutliche Stimme und ein sympathisches Auftreten haben.) Also: Vervollkommnen Sie Ihr Englisch, und bewerben Sie sich! Sie lernen dabei London kennen.

So, und jetzt hören und lesen Sie bitte noch einmal intensiv den Text, und setzen Sie dabei die fehlenden Wörter ein.

In the burger bar

Martina: Are you English?

Sharon: No, I'm Irish. I'm _____ Dublin. Where are you from _____?

Martina: Germany.

Sharon: Oh, _____ German. Your English is very good. – My _____ is from Hamburg.

Martina: Oh, is he? _____ from Berlin.

Sharon: Are you here _____ holiday?

Martina: Yeah, I'm with a friend. She's a stewardess _____ British Airways. – Are you on holiday _____?

Sharon: No, I'm a tour guide on that sightseeing bus out _____ It's _____ a summer job. The money isn't _____ that good, but it's interesting _____ – Well, it's time for _____ next tour. Nice _____ you, have a good _____ in London!

Martina: Thank you. Goodbye!

Sharon: _____ you!

4. In der folgenden Tabelle finden Sie die Nationalitätsbezeichnungen in übersichtlicher Form. Die unterstrichenen kommen nicht in der Lektion des *Coursebook* vor.

Austria *Österreich*	Austrian ['ɒstrɪən] *österreichisch*
Belgium *Belgien*	Belgian ['beldʒən] *belgisch*
France *Frankreich*	French *französisch*
Germany *Deutschland*	German *deutsch*
Ireland ['aɪələnd] *Irland*	Irish *irisch*
Italy *Italien*	Italian *italienisch*
Portugal *Portugal*	Portuguese [pɔːtʃʊ'giːz] *portugiesisch*
Spain *Spanien*	Spanish *spanisch*
Switzerland *die Schweiz*	Swiss [swɪs] *schweizerisch*

Als letztes wollen wir noch Ordnung in die verschiedenen Bezeichnungen bringen, die wir im Deutschen mit *England* und *englisch* meinen. Am besten schlagen Sie zur Veranschaulichung die Kartenskizze auf S. 62 des *Coursebook* auf.

Also: Die offizielle Bezeichnung für das, was wir lose mit *Großbritannien* oder *England* bezeichnen, ist: *United Kingdom of Great Britain and Northern Ireland = Vereinigtes Königreich von Großbritannien und Nordirland*. Mit *Great Britain* oder auch einfach *Britain* bezeichnet man die britische Hauptinsel, zu der *England, Scotland* und *Wales* gehören. Im politischen Sinn wird *Britain* aber auch mit *the United Kingdom* gleichgesetzt, d. h. *Northern Ireland* wird dann durch diesen Begriff mit abgedeckt.

Wenn wir also zum Gesamtstaat *England* sagen, dann haben wir die Schotten, Waliser und Nordiren zu „Engländern" gemacht, was diese sich heftig verbitten.

Außerdem müssen wir beachten, daß von der irischen Insel nur der kleinere nordöstliche Teil zum *United Kingdom (UK)* gehört, während der größere südliche ein unabhängiger Staat ist, nämlich: *the Republic of Ireland* oder *the Irish Republic*. Das ganze noch mal in Kurzform:

United Kingdom / UK	= England, Scotland, Wales, Northern Ireland
(Great) Britain	= England, Scotland, Wales
British	= zur britischen Insel (= England, Scotland, Wales) gehörig
Irish	= zur irischen Insel gehörig
Britain und *British* werden auch mit Bezug auf *United Kingdom* gebraucht und schließen dann *Northern Ireland* ein.	

5. Nun beantworten Sie bitte die folgenden Fragen.

a. Are you English?   – No, I'm …
b. Where are you from?   –
c. Is Philip King Irish?   –
d. Is Sharon from Northern Ireland?   –
e. Is Zurich in Austria?   –
f. Is Fernando Herrero Portuguese?   –
g. Is Pierre Lafontaine from Belgium?   –
h. Where's Martina from?   –

6. Die Wörter, die hier fehlen, sind kurz, verleiten einen aber leicht zu Fehlern. Können Sie sie einsetzen?

a. The DataTec agents are in Paris _____ a meeting.

b. Martina is _____ holiday in London. She's _____ Berlin.

c. Her friend is a stewardess _____ British Airways.

d. Sharon is a tour guide _____ a sightseeing bus.

7. Und nun versuchen Sie bitte, sich zu erinnern. Was sagen Sie …

a. … wenn Sie jemand fragen wollen, wo er/sie her ist:

_____

b. … wenn Sie von jemand wissen wollen, ob er/sie hier auf Urlaub ist:

_____

c. … wenn Sie jemand ein Kompliment über sein Englisch machen möchten:

_____

d. … wenn Sie ausdrücken wollen, daß die Bezahlung nicht so sehr gut ist:

_____

e. … wenn Sie jemand einen schönen Aufenthalt in London wünschen möchten:

_____

Lösen Sie sich jetzt bitte von dieser Lektion, auch wenn Sie meinen, den Stoff noch nicht vollkommen zu beherrschen. Das Hin und Her zwischen *I'm* und *you're,* der eigenartige Gebrauch solcher Wörter wie *from, on, with, all, that,* der andersartige englische Satzbau – das alles sind Dinge, die Sie sich nicht auf Anhieb merken können oder sollen. Denken Sie daran: alles Wichtige kommt wieder und wird bei jedem Auftreten und Üben weiter vertieft, und Sie merken es oft gar nicht, wenn es dann endgültig hängenbleibt. Also gehen Sie locker weiter zur nächsten Lektion!

5 *They're nice. – How much are they?*

Diese Lektion konzentriert sich auf zwei Themen: einerseits die Mehrzahl und andererseits Zahlen und Preisangaben.

Im Deutschen ist die Mehrzahlbildung viel komplizierter als im Englischen: *Tag – Tage, Kino – Kinos, Haus – Häuser, Frau – Frauen, Mann – Männer, Mädchen – Mädchen* – jedes dieser Wörter bildet die Mehrzahl anders und muß daher extra gelernt werden.

Im Englischen wird zur Bildung der Mehrzahl in aller Regel *-s* angehängt. Manchmal wird aus der Endung *-y* in der Mehrzahl ein *-ies*, und endet ein Wort ohnehin schon auf ein *-s* oder einen anderen Zischlaut, dann ist – da man die *-s*-Endung allein ja gar nicht aussprechen könnte – die Mehrzahlendung *-es*. Echte Ausnahmen, die man besonders lernen müßte, gibt es sehr wenige.

Schauen Sie sich das alles bitte in der Tabelle an:

Häufigster Fall: Einzahl + *-s*
Die *-s*-Endung wird stimmhaft / weich gesprochen, d. h. etwa wie in *Ra<u>s</u>en* (also nicht stimmlos / scharf wie in *Ra<u>ss</u>en*).

cinema – cinemas	*Kino – Kinos*
day - days	*Tag – Tage*
colour – colours	*Farbe – Farben*
question – questions	*Frage – Fragen*
thing – things	*Ding – Dinge*
pencil – pencils	*Bleistift – Bleistifte*

Zweithäufigster Fall: Einzahl + -s
Die -s-Endung wird stimmlos / scharf gesprochen, d. h. etwa wie in *Hans, Lachs, Gips.*

product – products	*Produkt – Produkte*
sock – socks	*Socke – Socken*
bookshop – bookshops	*Buchhandlung – Buchhandlungen*

Nach Zischlauten: Einzahl + -(e)s
Die Mehrzahlendung wird wie das englische Wörtchen *is* gesprochen,
d. h. mit stimmhaftem / weichem -s.

bus – buses	*Bus – Busse*
stewardess – stewardesses	*Stewardeß – Stewardessen*
price – prices	*Preis – Preise*
sentence – sentences	*Satz – Sätze*
size – sizes	*Größe – Größen*
page – pages	*Seite – Seiten*

Die Endung -y wird – wenn ihr nicht *a, e, o, u* vorausgeht, in der Mehrzahl zu -ies.

lady – ladies	*Dame – Damen*
nationality – nationalities	*Nationalität – Nationalitäten*
company – companies	*Gesellschaft – Gesellschaften*

Unregelmäßige Mehrzahlbildung (erfreulich selten)

man – men	*Mann – Männer*
gentleman – gentlemen	*Herr – Herren*
woman – women	*Frau – Frauen*

(*Woman – women* ist total unregelmäßig, denn hier ändert sich in der Schreibung die zweite Silbe, in der Aussprache aber die erste Silbe, nämlich von *wu-* auf *wi-* (beide kurz gesprochen).

1. Wir wollen zunächst die Mehrzahlbildung üben. Voraussetzung ist allerdings, daß Sie die Aussprache der Texte im *Coursebook* (die Werbeanzeige S. 30 – 31 und den Text S. 33) beherrschen, d. h. sie oft genug von der Cassette gehört und mit- bzw. nachgesprochen haben. Sprechen (und schreiben?) Sie nun die folgenden Einzahlsätze in der Mehrzahl – wie im Beispiel.
Beachten Sie, daß *this* die Mehrzahlform *these* hat.

The colour is terrific.	The colours are terrific.

a. The towel is one hundred per cent cotton.
b. The cassette player is cheap.
c. The sweater is available in four sizes.
d. The meeting is interesting.
e. The bus is new.

f. This pen is nice.
g. How much is this bath towel?

2. Nur falls Sie noch Schwierigkeiten mit der Unterscheidung von *it* und *they* haben, machen Sie doch bitte diese kleine, leichte Übung: Sprechen Sie die Sätze aus [1] erst in der Einzahl – mit *it* – und dann in der Mehrzahl – mit *they*. So:

The <u>colour is</u> terrific. <u>It's</u> terrific.	The <u>colours are</u> terrific. <u>They're</u> terrific.

3. *Is* oder *are*? Sprechen Sie die Sätze schnell, und setzen Sie dabei *is* oder *are* ein.

the colour – terrific The colour is terrific.	the colours – terrific The colours are terrific.

a. the scarf – lovely
b. the jeans – great
c. this book – interesting

d. the hotels – expensive here
e. the socks – 100 % cotton
f. the theatre – in Shaftesbury Avenue

4. Hören Sie die Zahlen noch einmal von der Cassette, und sprechen Sie sie laut.

1 one	11 eleven	21 twenty-one	30 thirty
2 two	12 twelve	22 twenty-two	40 forty
3 three	13 thirteen	23 twenty-three	50 fifty
4 four	14 fourteen	24 twenty-four	60 sixty
5 five	15 fifteen	25 twenty-five	70 seventy
6 six	16 sixteen	26 twenty-six	80 eighty
7 seven	17 seventeen	27 twenty-seven	90 ninety
8 eight	18 eighteen	28 twenty-eight	100 one/a hundred
9 nine	19 nineteen	29 twenty-nine	
10 ten	20 twenty		

5. Sprechen Sie bitte die folgenden Zahlenpaare. Achten Sie darauf, daß Sie das *-teen* jeweils recht betont sprechen, das *-ty* dagegen unbetont und kurz.

(13 – 30) thirteen – thirty   (14 – 40) fourteen – forty   (15 – 50) fifteen – fifty
Ist Ihnen aufgefallen, daß *forty* im Gegensatz zu *four* und *fourteen* kein *-u-* hat?

6. Nun kommen wir zu den Preisangaben. Beachten Sie, daß die Währungsangaben (*pounds, dollars,* etc.) bei Preisangaben über 1 stets in der Mehrzahlform sind.

> 8.35: Bei schnellem Sprechen – und wenn Mißverständnisse hinsichtlich der Währung ausgeschlossen sind – können Sie einfach sagen: eight thirty-five
> Sie können die Währung aber auch nennen:
>
> | | | | |
> |---|---|---|---|
> | (UK:) | eight pounds thirty-five | (Switzerland:) | eight francs thirty-five |
> | (USA:) | eight dollars thirty-five | (Austria:) | eight schillings thirty-five |
> | (Germany:) | eight marks thirty-five | | |
>
> Das Währungssymbol für *pounds* ist £, das für *dollars* ist $.
> Beide Symbole stehen ohne Abstand vor der Ziffer: £8.35 $8.35

7. Üben Sie nun das Fragen nach Preisen und das Angeben von Preisen entsprechend dem nachstehenden Beispiel, ggf. mit Partner(in).

> bath towel – £8.75
> How much is the bath towel? – It's eight pounds seventy-five.

a.	cassette player – £39.50	d.	shorts – $49.95	g.	ring binder – £4.99
b.	sightseeing tour – $12.50	e.	white socks – DM 8.90	h.	red sweater – SF 49.80
c.	blue jeans – £28.75	f.	cassette – S 24		

8. In den bisherigen Lektionen sind mehrfach Sätze mit *can* vorgekommen. Hier sind die Sätze noch einmal. Lesen Sie sie laut, und übersetzen Sie sie ins Deutsche. Beachten Sie, daß die unterstrichenen Satzteile im Gegensatz zum Deutschen „außen" stehen, d. h. sie unterbrechen nicht den Wortblock am Anfang des Satzes.

You	can	get	the book at most bookshops.
You	can	have	a room at the Regent Palace.
I		can show	you where it is.
You	can	wear	them Bermuda style.
You	can	have	it for fifty pounds.
Can	you	lend	me twenty pounds?

Wenn nur ein Drittel dessen, was diese Lektion gebracht hat, bei Ihnen hängengeblieben ist, können Sie unbesorgt weiter zur nächsten Lektion gehen. Die Konstruktionen mit *they* und *are,* die Mehrzahlformen, die Zahlen – das sind Dinge, die immer wieder vorkommen und dabei erst allmählich in Ihr Gedächtnis eingehen. Einzelne Wörter vergißt man sowieso leicht (nicht nur in der Fremdsprache, sondern auch in der Muttersprache!); sind sie aber wichtig, so begegnet man ihnen immer wieder, und dabei lernt man sie allmählich, ohne es zu merken, und ist dann oft erstaunt, wenn man ein Wort spontan gebrauchen kann, von dem man gar nicht wußte, daß man es bereits beherrscht.

6 *I never have breakfast in bed*

Mit dieser Lektion machen Sie einen großen Schritt vorwärts: Zum erstenmal üben Sie Sätze mit „normalen" Verben.

Verben – das sind Wörter wie *gehen, lesen, tun*, im Englischen also *go, read, do*.

Nun sind wir ja auch bisher nicht ohne Verben ausgekommen. Einen normalen Satz kann man gar nicht ohne ein Verb bilden. Aber bisher haben wir uns im wesentlichen auf einige besondere und leicht zu gebrauchende Verbformen konzentriert: *is, are, am*. Diese Formen sind leicht zu gebrauchen, weil z. B. die Frageform und die verneinte Form so gebildet werden wie im Deutschen:

(Aussageform:)	This is the English class.
(Frageform:)	Is this the English class?
(Verneinte Form:)	This is not / isn't the English class.

Bei den „normalen" Verben, deren Gebrauch wir jetzt zu erlernen beginnen, werden dagegen die Frageform und die verneinte Form unter Zuhilfenahme von *do (=tun)* gebildet:

(Aussageform:)	I live in London.	*Ich wohne in London.*
(Frageform:)	<u>Do you live</u> in London?	<u>*Wohnen* Sie in London?</u>
(Verneinte Form:)	I <u>don't live</u> in London.	*Ich <u>wohne nicht</u> in London.*
	Don't ist die Kurzform von *do not*.	

Es kann sein, daß diese Lektion Ihnen als Anfänger(in) besonders schwerfällt: der englische Sprachgebrauch weicht so stark vom deutschen ab, daß einem beim Bilden der englischen Sätze immer wieder die deutsche Konstruktion in die Quere kommt.

Es wird noch eine Weile dauern, bis Sie Fragesätze und verneinte Sätze mit *do* „aus dem Handgelenk" bilden können. Diese Strukturen lernt man nicht von heut auf morgen – sie werden deshalb im Laufe des Kurses ständig wiederholt, und nach einigen weiteren Lektionen werden Sie sich wundern, daß Sie damit vielleicht einmal Probleme gehabt haben.

1. Als erstes wollen wir wieder sichergehen, daß Sie die Aussprache des Textmaterials beherrschen. Hören Sie also die Abschnitte [1] und [4] des *Coursebook* mehrfach von der Cassette, und sprechen Sie alles mit oder (mit Pausetaste) nach. Achten Sie besonders auf die Aussprache der folgenden Wörter:

> usually, watch, popular, know, breakfast, appetite, restaurant

2. Jetzt interviewen Sie bitte die prominente Gloria Martin mit recht gezielten Fragen, zu denen Sie nachstehend ein Beispiel und das Rohmaterial finden. (Immer mit *often*!)

> have a lie-in
> Do you often have a lie-in?

1, 2, 3, . . .

a. have breakfast in bed
b. go for a swim
c. do crosswords
d. speak French
e. go to the theatre
f. cook for yourself
g. have dinner at the New World Restaurant
h. go to the Red Lion Pub

3. Ist Ihnen aufgefallen, daß die Wörter *always, usually, often, sometimes* und *never* im Satz an anderer Stelle stehen, als man das vom Deutschen her erwarten würde?

I	<u>never</u>	have breakfast in bed.	*Ich frühstücke <u>nie</u> im Bett.*
I	<u>sometimes</u>	have breakfast in bed.	*Ich frühstücke <u>manchmal</u> im Bett.*
I	<u>often</u>	have breakfast in bed.	*Ich frühstücke <u>oft</u> im Bett.*
I	<u>usually</u>	have breakfast in bed.	*Ich frühstücke <u>meistens</u> im Bett.*
I	<u>always</u>	have breakfast in bed.	*Ich frühstücke <u>immer</u> im Bett.*

Setzen Sie das eingeklammerte Wort jeweils an der richtigen Stelle im Satz ein.

a. I have a lie-in. (sometimes)
b. I do my English homework before dinner. (usually)
c. We go for a swim. (often)
d. I read the evening paper. (never)
e. We go there before breakfast. (sometimes)

f. I sit down for a good read. (often)

g. We have lunch at home. (always)

h. We have a meeting on Tuesday. (usually)

4. Verneinen Sie die folgenden Sätze. Beachten Sie dabei, daß nur bei „normalen" Verben (also <u>nicht</u> z. B. bei *is, am, are*) mit *don't* verneint wird.

> We live in London. – We don't live in London.
> She's very popular. – She isn't very popular.

a. I like the hotel.

b. We go there very often.

c. The colours are very nice.

d. I speak Spanish.

e. They are cheap.

f. His English is very good.

g. They have a common language.

h. I wear jeans.

i. I'm the teacher.

j. I know them.

5. Hier ist noch einmal das Interview mit Gloria Martin. Können Sie die fehlenden Wörter aus dem Gedächtnis ergänzen?

A day off work

Interviewer: Gloria Martin, you're a popular TV presenter and most of us _____ what you do in the studio. What do you _____ on your days off?

Gloria: Oh, first of all I _____ a lie in.

Interviewer: Uh-huh, and then – _____ you have breakfast in bed?

Gloria: No, I never have breakfast in bed – I _____ like the crumbs. But what I like to do when I get up is _____ for a swim. There's an indoor pool near where I _____, and I go there quite _____ when I have time off.

Interviewer: Before breakfast?

Gloria: Oh yes. That way I _____ up a good appetite. On my way back I _____ the morning papers, and then I _____ coffee and sit down for breakfast and a good read.

Interviewer: _____ you cook for yourself?

Gloria: No, I don't. I'm a hopeless cook, so lunch at home is _____ a quick sandwich or beans on toast. I often _____ dinner with friends – either at a restaurant or at someone's house.

6. Bei Wörtern wie *at, for, on* und *up* kommen wir von unserer Muttersprache her leicht auf Abwege. Checken Sie, ob Sie die folgenden Phrasen richtig „gespeichert" haben.

a. What do you do _____ your days off?

b. I often go _____ a swim.

c. That way I work _____ a good appetite.

d. _____ my way back I get the morning papers.

e. Then I sit down _____ breakfast and a good read.

f. Lunch _____ home is usually a quick sandwich or beans _____ toast.

g. I often have dinner _____ a restaurant.

7. Und nun testen Sie bitte noch einmal Ihr Gedächtnis.
Die Sätze sind nicht ganz leicht! Bei Formulierungen, die einfach nicht hängenbleiben wollen, machen Sie folgendes: deutsche und englische Fassung auf Vorder- und Rückseite eines Stücks Papier; deutsche Fassung lesen und englische Fassung sagen/schreiben, dann Papier zur Überprüfung umdrehen.

a. Sagen Sie, daß Gloria Martin eine tolle Frau ist:

_____

b. Fragen Sie nach dem Preis einer Cassette:

_____

c. Fragen Sie Sandra, ob sie Ihnen 20 Pfund leihen kann:

_____

d. Sagen Sie, daß Sie sich gern (*like to*) ausschlafen:

_____

e. Drücken Sie aus, daß Sie Ihre Englischhausaufgaben oft im Bett machen:

_____

f. Sagen Sie, daß in der Nähe Ihrer Wohnung ein Hallenbad ist:

_____

Versuchen Sie, sich folgende Dinge aus dieser Lektion vorrangig zu merken:
Den Gebrauch von *do* zur Bildung von Fragesätzen: *Do you speak French?*
Den Gebrauch von *don't* zur Bildung von verneinten Sätzen: *I don't speak French.*
Die vom Deutschen abweichende Stellung von *always / never / often / sometimes / usually*:
I sometimes speak French.

7 What does he do?

In dieser Lektion geht es wieder um „normale" Verben. Allerdings gehen wir auch einen Schritt weiter, indem wir an das Verb ein -*s* anhängen:

> I live in London. – He lives in London.

Diese -*s*-Endung können wir mit dem -*t* an deutschen Verben vergleichen:

> Ich wohne in London. – Er wohnt in London.

Nur daß es im Deutschen mehr solche Endungen gibt als im Englischen: *ich wohne, du wohnst, er/sie/es wohnt, wir wohnen* – das sind vier verschiedene Endungen, denen im Englischen nur zwei gegenüberstehen:

I you we they	live in London	*ich wohne* *du wohnst / Sie wohnen / ihr wohnt in London* *wir wohnen* *sie wohnen*
he she it	lives in London	*er wohnt* *sie wohnt in London* *es wohnt*

Bei *he/she/it* und Wörtern, für die *he/she/it* eingesetzt werden könnte, steht also die -*s*-Form:

(He:)	Alan sings in a choir.	*Alan singt in einem Chor.*
(She:)	Gloria often goes out to dinner.	*Gloria geht oft abends essen.*
(It:)	The shop only sells socks.	*Der Laden verkauft nur Socken.*

Bei *do* ist die -*s*-Form unregelmäßig:

Where <u>do</u> *(langes u!)* you live?	*Wo wohnen Sie?*
Where <u>does</u> *(kurzes a!)* he live?	*Wo wohnt er?*

Auch *have* hat eine unregelmäßige -*s*-Form:

You <u>have</u> an interesting job.	*Sie haben einen interessanten Beruf.*
He <u>has</u> an interesting job.	*Er hat einen interessanten Beruf.*

1. Um die Mechanik des Hinundherwechselns zwischen -*s*-Form und -*s*-loser Form zu üben, machen Sie bitte folgende leichte Übung.
(Passen Sie auf – nicht alle Sätze gehen nach Schema F!)

I always feel nervous before going on the air. (he)
He always feels nervous before going on the air.

a. I always read the morning paper. (she)
b. Do you know where it is? (he)
c. I often have dinner with friends. (she)
d. What qualities does a newsreader need? (newsreaders)
e. Do you play tennis? (Sandra)
f. He has a very clear voice. (Gloria)
g. She never answers my questions. (you)
h. We live in London. (they)
i. Does your teacher know that? (fellow students)

2. Zweimal ist Ihnen jetzt statt *a* die Form *an* begegnet. Ist Ihnen das aufgefallen?

There's <u>an</u> indoor pool near where I live.
He has <u>an</u> interesting job: he's a radio newsreader.

An ist eine Abwandlung von *a*, die man vor Selbstlauten (also: *a, e, i, o, u*) zur leichteren Aussprache gebraucht. Machen Sie die Probe aufs Exempel: *interesting* spricht sich besser mit *an* als mit *a*.
Beachten Sie allerdings: *An* steht nur vor Wortanfängen, die als Selbstlaut <u>gesprochen</u> werden. *Useful* z. B. wird mit einem *u*- <u>geschrieben</u>, aber mit einem *j*- <u>gesprochen</u> – daher also:

A ring binder is <u>a</u> useful thing.

Checken Sie, ob Sie verstanden haben, wo *a* und wo *an* stehen muß.

a. Regensburg is _____ German city.   b. They have _____ agent in London.

   Salzburg is _____ Austrian city.   They have _____ studio in London.

c. Isabella is _____ Spanish teacher.

Angela is _____ English teacher.

d. It's _____ cheap hotel.

It's _____ expensive hotel.

e. There's _____ Irish girl in the class.

There's _____ Swiss girl in the class.

f. Is that _____ offer?

Is that _____ special offer?

g. DataTec is _____ US company.

DataTec is also _____ European company.

DataTec is _____ big company.

3. Vielleicht haben Sie beim Hören der Cassette gemerkt, daß das -e in *the* manchmal wie ein kurzes -i gesprochen wird. Auch hier handelt es sich um eine Anpassung an das nachfolgende Wort, das jeweils mit Selbstlaut (also *a, e, i, o, u*) beginnt (vgl. [2]). Mit [ðɪ] statt [ðə] kann man besser zum nachfolgenden Selbstlaut übergleiten. Üben Sie diese etwas unterschiedliche Aussprache bitte durch Sprechen der Gegensatzpaare in der nachfolgenden Liste.

[ðɪ]	[ðə]
the assistant in a shop	the shop assistant
the English class	the French class
in the evening	in the morning
the Irish Republic	the European agents
the other students	the French students

4. Wir wollen noch mal auf die -s-Endung beim Verb zurückkommen:

a. Alan plays tennis.   b. He likes to watch television.   c. He often watches football.

Wenn Sie die drei unterstrichenen -s-Verben genau aussprechen, dann hört sich die -s-Endung jedesmal ein wenig anders an – genau wie bei der Mehrzahlendung -s (vgl. die Tabelle S. 21–22):
In (a) stimmhaft / weich (Lautschrift: [z]).
In (b) stimmlos / scharf (Lautschrift: [s]).
In (c) nicht einfach -s, sondern -es, das wie *is* gesprochen wird (Lautschrift: [ɪz]).

Sprechen Sie über Alan Bedford mit Hilfe des folgenden Materials, das entsprechend der Aussprache der -s-Endung geordnet ist.

a. live in London   – He lives in London.
   read the news on the radio – He ...
   sing in a choir   – ...
   play tennis   – ...
b. work in London   – ...
   like to cook   – ...
   speak three languages   – ...
c. watch football and tennis on TV – ...

5. Jetzt interviewen bitte Sie Alan Bedford. Fragen Sie ihn …

a. … was er <beruflich> macht:

_____

b. … wie alt er ist:

_____

c. … ob er eine Familie hat:

_____

d. … wo er wohnt:

_____

e. … ob er Fußball spielt:

_____

f. … ob er (einen) Sinn für Humor hat:

_____

g. … wie er sich fühlt, bevor er auf Sendung geht:

_____

6. Kennen Sie die englische Entsprechung? Schreiben Sie die Sätze, bei denen Sie Fehler gemacht haben, anschließend einzeln auf ein Stück Papier, und legen Sie sie in Ihrer Wohnung an gut sichtbarer Stelle hin, damit sie Ihnen immer wieder ins Auge fallen.

a. Alan hat einen interessanten Beruf: er ist Nachrichtensprecher.
b. Er liest die Nachrichten im Radio.
c. Ein Nachrichtensprecher benötigt eine klare Stimme.
d. Ein gutes Gefühl für die Sprache ist auch wichtig.
e. Er ist immer nervös, bevor er auf Sendung geht.
f. Aber die Nervosität geht <weg>, wenn er sagt: „Guten Abend, meine Damen und Herren. Hier sind die Nachrichten."

Es kann gut sein, daß der viele Grammatik- und Aussprache-„Kleinkram" aus der vorliegenden Lektion noch nicht „sitzt". Das macht nichts! Man lernt die Sprache durch den ständigen Gebrauch des Sprachmaterials in immer neuen Zusammenhängen. Beim ersten Kennenlernen bleibt oft wenig hängen, aber es entsteht ein Problembewußtsein, das einen die Dinge, die man zunächst nur flüchtig aufgenommen hat, verstärkt wahrnehmen läßt, so daß sie allmählich ins Gedächtnis eingehen. Das ist vielleicht das Wichtigste beim Lernen einer Sprache: daß man aufmerksam hinhört und hinsieht und den Sprachgebrauch wahrnimmt – allmählich prägt er sich dann ein.

8 *That's including breakfast, isn't it?*

Diese Lektion mutet Ihnen von der Grammatik her nicht soviel zu wie die beiden letzten. Die Situation ist alltäglich und sprachlich recht ergiebig: aufgrund einer Anzeige ruft Mr Thomas bei einem *bed and breakfast* an, man unterhält sich über Preise und über Annehmlichkeiten, die die Pension zu bieten hat. Wir fahren auch ein wenig mit der U-Bahn (in London *the underground* oder *the tube*, in New York übrigens *the subway*).
Schließlich üben wir das Sprechen von Telefonnummern – eine wichtige Sache, bei der vor allem zu beachten ist, daß die Null *oh* gesprochen wird (beim Fußball dagegen *nil*, beim Tennis seltsamerweise *love* – so einfach wie wir mit dem einen Wort „Null" haben es die Engländer nicht).

1. Hier ist ein Ausschnitt aus einem Brief. Können Sie die fehlenden Wörter ergänzen?

I'm in London now. My _____ is: Stamford Brook Hotel,

14 Stamford Brook Avenue, London W6. It's a bed and breakfast – very nice place,

not _____ : £80 a week, including an English _____ .

The hotel is a minute's _____ from Stamford Brook underground – that's on the

District _____ , 20 minutes _____ Piccadilly Circus. I've _____ a comfortable

room with central heating and hot and cold water. _____ a bathroom

and toilet on the same floor. I sometimes _____ television in the lounge downstairs.

2. In Reiseführern werden zur Kennzeichnung der Preiskategorien von Hotels, Restaurants u. dgl. mitunter die folgenden Symbole gebraucht. Können Sie – unter Benutzung der Wörter *cheap* und *expensive* – daneben schreiben, was die Symbole ungefähr bedeuten?

£ _____

££ _____

£££ _____

££££ _____

Symbols and abbreviations

L   lunch
D   dinner
B   bar food
Average prices for a meal without wine
(these prices are for guidance only):
£   Under £10.00 per person
££   £10.00-£20.00 per person
£££   £20.00-£30.00 per person
£££+   Over £30.00 per person
Reserve   It is advisable to reserve
(M)   Membership necessary
A   Access (incorporating Mastercard, Eurocard)
Ax   American Express
Dc   Diners Club

3. *That's including breakfast, isn't it?* Das angehängte *isn't it?* entspricht etwa dem deutschen *nicht wahr?* Aber leider ändert sich die angehängte Kurzfrage im Englischen entsprechend dem, was vorne im Satz steht.
Schauen Sie sich das in den folgenden Beispielen an, versuchen Sie in den Übungssätzen das jeweils Richtige einzusetzen, und ärgern Sie sich nicht, wenn Sie sich vertun! Das rasche Anhängen der richtigen Kurzfrage lernt man nur durch Übung, und die bekommen Sie noch reichlich im Laufe des Kurses.

He's Spanish, isn't he?	Er ist Spanier, nicht wahr?
She's a stewardess, isn't she?	Sie ist Stewardeß, nicht wahr?
It's a hotel, isn't it?	Es ist ein Hotel, nicht wahr?
You're in Hammersmith, aren't you?	Sie sind in Hammersmith, nicht wahr?
The tops are smart, aren't they?	Die Oberteile sind schick, nicht wahr?

a. He's a radio newsreader, _____ _____?

b. Mark Dickson is a reporter, _____ _____?

c. She's from Dublin, _____ _____?

d. Gloria Martin is quite popular, _____ _____?

e. It's near Stamford Brook tube, _____ _____?

f. Her name is Thomas, _____ _____?

g. The room is available, _____ _____?

h. You're here on holiday, _____ _____?

i. They're usually at home, _____ _____?

j. The colours are terrific, _____ _____?

k. You're nervous, _____ _____?

4. Üben Sie jetzt das Sprechen von Zahlen.

Denken Sie daran, daß man in Fällen wie den folgenden nicht einfach *hundred* sagen kann:

> 100 one hundred / a hundred
> 101 one hundred and one / a hundred and one
> 135 one hundred and thirty-five

In Telefonnummern werden die Ziffern in der Regel gruppenweise einzeln gesprochen:

> 081-747 6251
> oh eight one, seven four seven, six two five one

a. The hotel is in W6.
b. It's 1 minute from Stamford Brook tube.
c. Stamford Brook is 20 minutes from Piccadilly Circus.
d. The hotel is £38 a night.
e. My phone number is 071-630 4250.
f. Piccadilly Line eastbound? Platform 5.
g. My room is £145 a week including breakfast.
h. A stereo radio/cassette recorder for £119.99.
i. The address is 124 Shaftesbury Avenue, W1.
j. The crossword is on page 100.

5. Kleine Wiederholung: verneinen Sie die folgenden Sätze.
(Falls Sie Fehler machen, wiederholen Sie die Übung zu einem späteren Zeitpunkt.)

a. The room is very nice.
b. She's English.
c. The sweaters are expensive.
d. They're at home.
e. I've got a ring binder.
f. I like the man.
g. She likes to cook.
h. We often go to the theatre.
i. You can wear shorts here.
j. I think he plays tennis.

6. Was sagen Sie ...

a. ... wenn Sie wissen wollen, ob jemand noch Zimmer frei hat:

_____

b. ... wenn Sie wissen wollen, wie das Zimmer ist:

_____

c. ... wenn Sie wissen wollen, wieviel das Zimmer kostet:

_____

d. ... wenn Sie von jemand wissen wollen, wie Sie nach Stamford Brook kommen:

_____

e. ... wenn Sie wissen wollen, was die Fahrzeit vom Piccadilly Circus ist:

_____

f. ... wenn Sie wissen wollen, was der nächste U-Bahnhof ist:

_____

g. ... wenn Sie wissen wollen, von welchem Bahnsteig es nach Piccadilly Circus geht:

_____

7. Können Sie diese Sätze übersetzen? Achten Sie besonders auf die im Englischen oft abweichende Wortstellung. Regeln dafür lernen Sie später. Versuchen Sie, Ihr Gefühl für die richtige Wortstellung allmählich zu trainieren.

a. Haben Sie im Moment (irgendwelche) Zimmer frei?
b. Was kostet das Zimmer?
c. Das ist <doch> einschließlich Frühstück, nicht wahr?
d. Sie sind <doch> in Hammersmith, nicht wahr?
e. Soll ich Ihnen meine Adresse geben?
f. Wie komme ich nach Stamford Brook?
g. Wo steige ich um?

Damit sind wir am Ende der Lektion. Gehen Sie wohlgemut an Lektion 9, auch wenn der Stoff der vorliegenden Lektion noch nicht ganz fest „sitzt". Es kommt alles immer wieder vor, und Ihre sprachliche Sicherheit wächst durch das Üben ständig neuen Sprachmaterials.

In Lektion 9 lernen Sie eine interessante neue Konstruktion kennen, die für das Englische besonders typisch ist. Achten Sie bei der Durchnahme der _Coursebook_-Texte und -Übungen der nächsten Lektion auf die Verben mit der Endung -*ing*.

9 We're doing our best

In dieser Lektion lernen Sie eine Ausdrucksform kennen, die für das Englische typisch ist und häufig vorkommt, im Deutschen aber eigentlich keine direkte Entsprechung hat: die Verlaufsform, die in den Texten dieser Lektion aus is / are / am +-ing-Form gebildet wird. Diese Verlaufsform würde z. B. jemand gebrauchen, der jetzt in diesem Augenblick wissen möchte, was Sie tun. Er würde fragen:

> What <u>are</u> you <u>doing</u>?
> *(„Was bist du tuend?")*
> *Was machst du (gerade)?*

Und Sie würden mit der Verlaufsform vielleicht antworten:

> I'<u>m</u> (= I <u>am</u>) <u>doing</u> my English homework.
> *(„Ich bin tuend meine Englisch-Hausarbeit.")*
> *Ich mache (gerade) meine englischen Hausaufgaben.*

Sie sehen: Diese Form gebraucht man, wenn man eine Handlung als gerade stattfindend ausdrücken möchte. Will man dagegen eine Gewohnheit ausdrücken (z. B. mit *usually, often, sometimes, never*), dann verwendet man nicht die Verlaufsform, sondern die „einfache Form":

> I often <u>do</u> my English homework in bed.
> *Ich mache meine Englischhausaufgaben oft im Bett.*

1. Bilden Sie Sätze über den Kater Fletcher – alle in der Verlaufsform.

he his coat	(not)	feel look lose get eat scratch	rather dull himself all the time at all well hair by the handful nasty scabs all over properly

2. Das Anhängen der *-ing*-Endung geht – wie Sie gemerkt haben – ziemlich problemlos. Aber hin und wieder verschwindet ein (stummes!) End-*e*, oder der Endbuchstabe wird verdoppelt. Daher hier kurz die Schreibregeln.

Normalfall Verb + *-ing*:

feel – feeling   look – looking   eat – eating
scratch – scratching   go – going   do – doing

Wegfall des stummen *-e*:

lose – losing   come – coming   give – giving
take – taking   have – having   hope – hoping

Verdopplung des Endbuchstabens:

get – getting   begin – beginning

3. Üben Sie die Verlaufsform noch mal auf andere Weise. Versuchen Sie sich zu erinnern! Sie schreiben einen Brief über sich und Ihre Familie. Drücken Sie aus …

a. … daß es Ihnen allen gut geht:

_____

b. … daß es mit Ihrer Arbeit gut vorangeht:

_____

c. … daß Sie samstags nicht mehr arbeiten:

_____

d. … daß die Arbeit<en> an Ihrem Haus sehr langsam <voran>gehen:

_____

e. … daß sich Fletcher gar nicht wohl fühlt:

_____

f. … daß Sie ihm Tabletten geben und das Beste hoffen:

_____

4. *Yourself, himself, herself, ourselves* – mit diesen „rückbezüglichen Fürwörtern" wird auf *you, he, she, we* zurückverwiesen, nämlich so:

He	is	scratching	himself	all the time.	*Er kratzt sich…*
She	is	scratching	herself	all the time.	*Sie kratzt sich…*
You	are scratching		yourself	…	*Du kratzt dich…*
We	are scratching		ourselves	…	*Wir kratzen uns…*

Setzen Sie nun im folgenden die passenden Fürwörter mit *-self / -selves* ein.

a. Please answer the following questions about _____.

b. We have more time to _____ now.

c. Do you cook for _____?

d. She's always talking about _____.

e. He's trying to find a room for _____.

f. She likes to cook for _____.

5. In Lektion 8 [3] haben wir uns mit den angehängten Kurzfragen (deutsch: *nicht wahr?*) beschäftigt. Zwei Fragen dieses Typs kamen auch in dem Tierarztdialog vor. Übersetzen Sie sie bitte:

(That's) Fletcher, isn't it?
He's very listless, isn't he?

Üben Sie diese Konstruktion, indem Sie die folgenden Sätze in „*nicht wahr?*-Fragen" verwandeln.

a. His coat is looking rather dull.
b. It's some kind of allergy.
c. You're worried about Fletcher.
d. The pills are for the allergy.

e. The carpenter is reliable.
f. The work is going very slowly.
g. Things are rather cramped at the moment.
h. Sarah is taking piano lessons.

6. Vereinzelt ist in den bisherigen Lektionen schon die *to*-Form des Verbs vorgekommen:

We're glad to hear you're all doing fine.
Wir freuen uns zu hören, daß es euch allen gutgeht.

Versuchen Sie, sich bei den folgenden Sätzen daran zu erinnern, durch welche *to*-Verben sie vervollständigt worden sind.

a. He likes _____ crosswords.

b. They promise _____ and then they don't show up.

c. I like _____ breakfast in bed.

d. Please try _____ these questions.

e. It's nice _____ you all again.

f. We like _____ television in the evening.

7. Wortschatzübung. Hier sind noch einmal Auszüge aus dem Dialog beim Tierarzt. Versuchen Sie, die fehlenden Wörter zu ergänzen.

a. What's the _____ with Fletcher?

b. I'm _____ he isn't feeling at all well.

c. His coat is looking _____ dull, isn't it?

d. Yes, and he's getting these _____ scabs all over.

e. Is he eating _____ ?

f. No, he's eating very _____ .

g. I _____ it's some kind of allergy.

8. Wiederholen Sie anhand der folgenden Sätze einige „*wie*-Wörter" (= Eigenschaftswörter).

a. Thanks for your nice _____ letter.

b. We're glad to hear that your work is coming along _____ .

c. We are getting into our _____ season too.

d. The work on our house is going very _____ .

e. Carpenters aren't the most _____ people.

f. Since we can't use the upstairs rooms, things are rather _____ at the moment.

g. The girls are _____ . They both send their love.

9. Noch einmal zur Verlaufsform zurück. Hier sind einige Sätze, die sich auf englisch in typischer Weise durch die Verlaufsform ausdrücken lassen. Übersetzen Sie sie.

a. Es geht ihr gar nicht gut.
b. Ißt sie <denn> richtig?
c. Sie ißt sehr wenig.

d. Wir arbeiten nicht mehr samstags.
e. Wir tun unser Bestes.
f. Fletcher ist krank, und wir geben ihm Tabletten.

Bisher haben Sie Aussagen geübt, die sich auf die Gegenwart beziehen. Von der nächsten Lektion an lernen Sie, wie man sagen kann, daß etwas in der Vergangenheit geschah.

Did you have a good flight?

Im Laufe dieser Lektion machen wir den Schritt in die Vergangenheit. Ein Hauptziel dieser ersten Stufe des Englischlernens ist es ja, daß Sie die Fähigkeit erwerben, sich auf den drei wesentlichen Ebenen auszudrücken: der Gegenwart, der Vergangenheit und der Zukunft. Die „regelmäßige" Vergangenheitsendung ist -ed – etwa der deutschen Endung -te entsprechend:

He <u>cooked</u> us a nice dinner.	*Er <u>kochte</u> uns ein schönes Abendessen.*

Allerdings bilden viele (und gerade die alltäglichen, häufig gebrauchten) Verben die Vergangenheit nicht mit -ed, sondern „unregelmäßig", wie z.B. *take = nehmen*:

She <u>took</u> the InterCity.	*Sie <u>nahm</u> den Intercity.*

Hier sind also sowohl die englische (nicht auf -ed) als auch die deutsche (nicht auf -te) Vergangenheitsform unregelmäßig.

1. Damit Sie ein bißchen Übung im Gebrauch der regelmäßigen Vergangenheitsform bekommen, setzen Sie bitte die folgenden Sätze in die Vergangenheit.

a. The cat's coat <u>looks</u> rather dull.
   He often <u>scratches</u> himself.
   The vet <u>suspects</u> it's some kind of allergy.
b. She <u>wants</u> to take the InterCity.
   The InterCity <u>arrives</u> at Glasgow Central at 6.15.
   She <u>enjoys</u> the journey.
c. We often <u>watch</u> television.
   We sometimes <u>play</u> tennis.
   We never <u>cook</u> for ourselves.

Wie die vorstehenden Beispiele zeigen, gilt es, beim Anhängen der -ed-Endung einiges zu beachten:

Schreibung:	
Stummes -e entfällt:	*arrive – arriv<u>ed</u>, like – lik<u>ed</u>.*
Aussprache:	
Stimmhaft – d. h. hörbar-weiches [d]:	*play<u>ed</u>* [pleɪd], *arriv<u>ed</u>* [əˈraɪvd].
Stimmlos – d. h. hartes [t]:	*look<u>ed</u>* [lʊkt], *watch<u>ed</u>* [wɒtʃt], *scratch<u>ed</u>* [skrætʃt].
Als zusätzliche Silbe [ɪd]:	*want<u>ed</u>* [ˈwɒntɪd], *suspect<u>ed</u>* [səˈspektɪd].

Nun lesen Sie bitte die Sätze (a) – (c) bitte noch einmal laut – unter besonderer Beachtung der Aussprache der Vergangenheitsformen.

2. Sie lernen in dieser Lektion auch die folgenden unregelmäßigen Vergangenheitsformen kennen:

do – <u>did</u>
get up – <u>got</u> up
is – <u>was</u>
sleep – <u>slept</u>
take – <u>took</u>

Setzen Sie diese Vergangenheitsformen an passender Stelle in den folgenden Sätzen ein.

John: _____ you have a good flight, Clive?

Clive: Yes, but I _____ very little. I _____ at half past four this morning.

John: _____ you come by plane too, Christine?

Christine: No, I _____ the InterCity this time.

John: _____ it a good idea to go by train?

Christine: Yes, it _____ an extremely pleasant trip all round.

3. Haben Sie die Hörübung [4] *(Coursebook* S. 64) gemacht? Sinn dieser Übung ist es, Ihnen Übung im Verstehen durch das Telefon verfremdeter Stimmen zu geben. Aber auch die Zahlen und das Angeben von Uhrzeiten werden dort geübt.

Lesen Sie die Uhrzeiten jetzt noch einmal laut, so als wären Sie der Ansager / die Ansagerin des *Speaking Timetable*.

Departure Euston at 07 25, arrival Glasgow at 12 52.
Departure Euston at 10 25, arrival Glasgow at 15 08.
Departure Euston at 11 25, arrival Glasgow at 16 54.
Departure Euston at 13 25, arrival Glasgow at 18 54.
Departure Euston at 14 25, arrival Glasgow at 19 39.
Departure Euston at 15 25, arrival Glasgow at 20 41.
Departure Euston at 16 25, arrival Glasgow at 21 24.
Departure Euston at 23 50, arrival Glasgow at 06 15. This service conveys sleepers.

4. Die Art, wie die Uhrzeiten in Übung [3] gesprochen werden, entspricht dem offiziellen Sprachgebrauch von Eisenbahn und Flugverkehr. Im Alltag drückt man sich meist (noch) anders aus:

(15 08) eight minutes past three	*acht Minuten nach drei*
(15 10) ten (minutes) past three	*zehn (Minuten) nach drei*
(15 15) quarter past three	*Viertel nach drei*
(15 30) half past three	*halb vier*
(15 40) twenty (minutes) to four	*zwanzig (Minuten) vor vier*
(15 45) quarter to four	*Viertel vor vier*
(15 55) five (minutes) to four	*fünf (Minuten) vor vier*
(16 00) four o'clock	*vier Uhr*

Sie sehen den Unterschied zwischen *past* (=*nach*) und *to* (=*vor*).

Sie sehen auch, daß man vom Deutschen her sehr aufpassen muß bei:

> half past three = *halb vier*

Ganz scharf konzentrieren muß man sich, wenn Engländer – durchaus nicht selten! – das *past* bei der Halbstundenangabe weglassen: *half three* bedeutet dann ja halb <u>vier</u>, während das deutsche Unterbewußte registriert: *halb <u>drei</u>*. Also:

> half three = *halb vier*

Üben Sie jetzt bitte die normale, umgangssprachliche Art, die Uhrzeiten zu sagen, indem Sie die folgenden Sätze laut sprechen (und vielleicht auch aufschreiben).

> Möglicherweise kennen Sie diese Wörter / Namen nicht:
>
> Heathrow = *Londons Hauptflughafen, 24 km westlich der Innenstadt*
> park the car = *das Auto parken*
> check in for a flight = *sich für einen Flug abfertigen lassen*
> queue = *Schlange (von wartenden Menschen)*
> join = *sich anschließen / dazustellen*
> board the plane = *in das Flugzeug einsteigen*

Achtung: Gebrauchen Sie *o'clock* nur bei der vollen Stunde!

a. I got up at <u>4.45</u> this morning.
b. At <u>5.30</u> I was on my way to Heathrow.
c. I arrived at the airport at <u>6.10</u>.
d. At <u>6.20</u> I parked the car.
e. At <u>6.35</u> I joined the check-in queue for Glasgow.
f. At <u>7.00</u> I boarded the plane.
g. <u>7.15</u>: departure for Glasgow.
h. <u>8.26</u>: arrival at Glasgow – four minutes early.

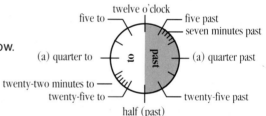

5. Es gibt noch eine weitere Art, die Uhrzeit anzugeben, nämlich durch Hinzusetzen von *a.m.* [eɪˈem] und *p.m.* [piːˈem]:

> 8.30 a.m. / 8.30am / 8:30 A.M. = *8.30 Uhr (morgens)*
> 8.30 p.m. / 8.30pm / 8:30 P. M. = *20.30 Uhr*

Wie Sie sich denken können, werden die Zusätze *a.m.* und *p.m.* gebraucht, um (in Programmen, Briefen etc.) deutlich zu machen, um welche Tageshälfte es sich handelt. Merken Sie sich:

> a.m. = 1. Tageshälfte (a kommt im Alphabet <u>vor</u> p!)
> p.m. = 2. Tageshälfte (p kommt im Alphabet <u>nach</u> a!)

Üben Sie diese Art der Zeitangabe, indem Sie die folgenden Uhrzeiten auf die Form mit *a.m.* oder *p.m.* umstellen.

07.25 = _____

11.05 = _____

12.52 = _____

18.41 = _____

22.15 = _____

10.25 = _____

15.08 = _____

20.30 = _____

00.08 = _____

6. Und jetzt versuchen Sie sich bitte an Formulierungen zu erinnern, die Sie gebrauchen könnten …

a. … wenn Sie wissen wollen, von welchem Londoner Bahnhof die Züge nach Glasgow abfahren:

_____

b. … wenn Sie wissen wollen, was die Fahrzeit London-Glasgow ist:

_____

c. … wenn Sie wissen wollen, ob dieser Zug einen Schlafwagen hat:

_____

d. … wenn Sie sich erkundigen wollen, ob jemand einen guten Flug hatte:

_____

e. … wenn Sie sagen wollen, daß Sie auf die Minute genau angekommen sind:

_____

f. … wenn Sie jemand raten wollen, das nächste Mal den Intercity zu nehmen:

_____

So, und jetzt gehen Sie bitte weiter zur nächsten Lektion, in der u. a. die Vergangenheitsform ausführlich weitergeübt wird. Sie wissen ja: Sie brauchen nicht alles zu können, was in dieser Lektion vorgekommen ist. Manches – z. B. die Anzeige auf Seite 65 des *Coursebook* – sollte Ihnen lediglich Anschauungsmaterial zum oberflächlichen Üben liefern.

11 *It happened yesterday*

Es ist vielleicht nützlich, wenn Sie den Aufbau dieser Lektion im *Coursebook* noch einmal Revue passieren lassen: Es beginnt mit Wegbeschreibungen – erst in einer „imaginären" Stadt, dann bei Ihnen in Ihrer Stadt, dann schließlich im Londoner West End im Bereich zwischen Piccadilly Circus und Bond Street.

Dann kommt eine Übung zum Training des Hörverstehens – Sie hören den Dialog, ohne ihn zu lesen, und dabei erfahren Sie etwas über die Bond Street, eine der bekanntesten – und teuersten – Straßen der Welt.

In just dieser Straße findet ein Raubüberfall statt, den Sie sich zunächst über eine Bildgeschichte in der Erzählzeit Gegenwart sprachlich erarbeiten. Dann folgt die gleiche Story als Zeitungsartikel und in dieser Form natürlich in der Vergangenheit erzählt. Sie erkennen dabei sehr genau, wie die betreffenden Verben die Vergangenheitsform bilden.

Übrigens bleiben wir noch für eine weitere Lektion (Lektion 12) in dieser Londoner Gegend und bei dem Raubüberfall, denn da wird ein Verdächtiger verhört: wieder weitgehend das gleiche Sprachmaterial, aber ganz anders verarbeitet.

1. Testen Sie zunächst, ob Sie die wichtigsten Redewendungen für „nach dem Weg fragen und darauf antworten" noch im Kopf haben.

a. Wie fragen Sie jemand nach dem Weg zum Bahnhof?

_____

b. Sagen Sie jemand, daß er „diese Straße runter" gehen soll.

_____

c. Sagen Sie jemand, daß er die dritte Querstraße rechts nehmen soll.

_____

d. Fragen Sie, ob es sehr weit ist.

_____

e. Sagen Sie dem Fragenden, daß es etwa fünf Minuten zu Fuß sind.

_____

f. Bedanken Sie sich.

_____

2. Jetzt wenden wir uns wieder der Vergangenheitsform zu. Sie erinnern sich:

Regelmäßig durch Anhängen von -ed.
Aussprache der -ed-Endung: Entweder welch, d. h. [d]: entered.   Oder hart, d. h. [t]: asked.   Oder als zusätzliche Silbe, d. h. [ɪd]: handed.
Stummes -e entfällt: hesitate – hesitated.

Setzen Sie nun die unterstrichenen Verben in den folgenden Sätzen in die (nicht immer regelmäßige!) Vergangenheitsform, und lesen Sie sie laut.

a. A man <u>enters</u> the jeweller's shop at about 3.30pm.
b. He <u>is</u> wearing a light-coloured Burberry raincoat.
c. He <u>points</u> a gun at the assistant.
d. He <u>hands</u> him a carrier bag and <u>asks</u> him to fill it with jewellery.
e. The assistant <u>hesitates</u>.
f. The robber <u>says</u>, "Hurry up".
g. The assistant <u>fills</u> the bag with jewellery.
h. The robber <u>walks</u> out into Old Bond Street and <u>disappears</u> into the crowd.

3. Schauen Sie sich noch einmal die Sätze (a) bis (h) in Übung [2] an. Welche der unterstrichenen Verben sind unregelmäßig?

4. Hier ist die _news story_ über den Juwelenraub noch einmal. Versuchen Sie, die ausgelassenen Wörter aus dem Gedächtnis zu ergänzen. Falls Sie Schwierigkeiten haben, hören Sie den Text bitte bei geschlossenem Buch noch ein- oder zweimal von der Cassette, und versuchen Sie dann, die Lücken auszufüllen.

A robber _____ away with a carrier bag full of jewellery from

Howard Goodwin, the Bond Street jewellers, yesterday.

The well-dressed man entered the shop at _____

3.30pm. He pointed a gun _____ an assistant,

handed him a Harrods carrier bag and asked him to fill

it with jewellery from _____ the shop and from the windows.

When the assistant hesitated, the man said _____ a

soft voice: "I _____ hate to use this gun on you, so

please hurry up."

A Goodwin spokesman said later: "_____ the pieces

was a diamond necklace worth £500,000. We very

much _____ its loss."

Detective Chief Inspector Peter Turnbull said: "The

man _____ about five minutes in the shop, then he

walked out into Old Bond Street

and _____ into the crowd.

He was aged _____ 25 and 35 and was

wearing a light-coloured Burberry raincoat."

5. In der Leiste zu Beginn von Lektion 11 steht:

> It happened yesterday.

Wörtlich übersetzt heißt das:

> Es passierte gestern.

Tatsächlich würde man eher sagen:

> Es ist gestern passiert.

Der deutsche Satz *Es ist gestern passiert* weicht in zwei wesentlichen Punkten vom englischen
Satz *It happened yesterday* ab:
(1) Statt der Einwortform *happened* die Zweiwortform *ist passiert*.
(2) Die Zeitbestimmung (*yesterday*) steht im englischen Satz am Ende, im deutschen (*gestern*)
zwischen *ist* und *passiert*.

Übersetzen Sie die folgenden Sätze, indem Sie im Englischen (statt der unterstrichenen Zweiwortform) stets die aus <u>einem</u> Wort bestehende Vergangenheitsform gebrauchen und *yesterday* ans Satzende stellen.

a. Ich <u>habe</u> ihn gestern <u>gefragt</u>.
b. Sie <u>ist</u> gestern <u>angekommen</u>.
c. Gestern <u>hat</u> er den Intercity <u>genommen</u>.
d. Wir <u>sind</u> gestern um halb fünf <u>aufgestanden</u>.
e. Wir <u>haben</u> gestern Tennis <u>gespielt</u>.
f. Sie <u>hat</u> uns gestern ein gutes Abendessen <u>gekocht</u>.

Zwei Ratschläge, bevor Sie zur nächsten Lektion weitergehen:

(1) Was das Üben angeht: jeden Tag eine Viertelstunde ist besser als einmal die Woche zwei Stunden. Also: Nehmen Sie sich immer mal zwischendurch ein bißchen Zeit fürs Englische – auf der Fahrt zur Arbeit/Schule, wenn Sie beim Arzt oder sonstwo warten, abends vor dem Essen oder vor den Nachrichten. Und: Die Cassette läßt sich auch im Walkman oder im Auto spielen!

(2) Eine Übung, die sich immer und überall machen läßt und die was bringt: Einen Text aus dem *Coursebook* abschreiben und für jedes fünfte Wort eine Lücke lassen; Abschrift weglegen und die Lücken zu einem späteren Zeitpunkt ausfüllen. Lassen Sie für jedes <u>sechste</u> Wort eine Lücke, so wird die Übung leichter; lassen Sie die Lücke für jedes <u>vierte</u> Wort, so wird sie schwerer.

12 *Why didn't you take the tube?*

Auch in dieser Lektion wird vor allem die Vergangenheitsform geübt, u. a. die einiger unregelmäßiger Verben, von denen *go* mit der Vergangenheitsform *went* besonders auffällig ist. Die Erklärung für diese sonderbare Vergangenheitsform: *go* hat sie vor Hunderten von Jahren von einem anderen Verb (*wend*) „gestohlen" – wie es dazu kam, kann heute keiner mehr sagen. Thematisch steht wiederum die Geschichte von dem Raubüberfall in der Bond Street im Mittelpunkt, diesmal als Gegenstand eines Verhörs auf dem Polizeirevier.

Am Anfang der Lektion im *Coursebook* ein kleiner Dialog vor dem Kinobesuch. Da lernen Sie neben anderem nützlichem Vokabular auch einige Möglichkeiten, wie man Vorschläge machen kann. Davon wollen wir zunächst einiges wiederholen.

1. Schlagen Sie vor ...

a. ... zur Abwechslung ins Theater zu gehen:

_____

b. ... in einem Restaurant zu Abend zu essen:

_____

c. ... die U-Bahn vom Green Park <aus> zu nehmen:

_____

d. … eine Zeitung zu kaufen:

_____

e. … ein bißchen an die frische Luft zu gehen:

_____

2. Antworten Sie auf den Vorschlag …

a. … daß er eine prima Idee ist:

_____

b. … daß Sie nicht ins Theater gehen möchten:

_____

3. Hier ist ein Protokoll der Aussage von Mr Neal. Die Verben (alle in der Vergangenheitsform) sind ausgelassen. Können Sie sie aus der folgenden Liste ergänzen, d. h. in der
Vergangenheitsform einsetzen?

buy, catch, do, enter, go, leave, walk

I _____ the Odeon Leicester Square at about three o'clock and _____ along Coventry

Street to Piccadilly Circus, where I _____ down into the tube station and up again the

other side. I _____ a copy of the Evening Standard outside Tower Records and

then _____ along the north side of Piccadilly as far as Green Park tube station, where

I _____ a train home – Piccadilly Line to Acton Town.

On my way to Green Park station I _____ not turn into Bond Street, and I never _____

the shop of Howard Goodwin, the jewellers.

4. Mitunter kommt man in die Lage, anderen einen Namen erklären zu müssen. Da weiß jemand nichts mit dem Namen *Piccadilly* anzufangen, und dann erklären wir das Wort etwa so:

Piccadilly – that's … a street in London.
… one of London's main shopping streets.
… an important street in the West End of London.
… a street with many shops and offices in the West End of London.

Erklären Sie bitte die folgenden Namen so genau Sie können.

Bond Street	Acton Town	Coventry Street	Howard Goodwin
Green Park	Odeon Leicester Square	Evening Standard	

5. Noch einmal zurück zum Verhör des *robbery suspect*.
Übernehmen Sie bitte jetzt die Rolle des *police officer*. Die folgenden Sätze sagen Ihnen, was Sie fragen sollen – der unterstrichene Satzteil gehört jeweils ans Ende.

Fragen Sie Mr Neal ...

a. ... um welche Zeit er das <u>Odeon-Kino</u> verließ:

_____

b. ... wohin (= *where*) er <u>vom Leicester Square</u> ging:

_____

c. ... ob er hinunter <u>in den U-Bahnhof</u> ging:

_____

d. ... welchen Ausgang er „<u>nahm</u>":

_____

e. ... welche Zeitung er <u>kaufte</u>:

_____

f. ... warum er <u>zum U-Bahnhof Green Park</u> ging:

_____

g. ... warum er die U-Bahn nicht <u>vom Piccadilly Circus</u> <aus> nahm:

_____

h. ... ob er <u>auch</u> in <die> Bond Street ging:

_____

Die vorstehenden Sätze sind nicht leicht, aber man kann allerhand aus ihnen lernen. Schreiben Sie sich Dinge, die Sie falsch gemacht haben, heraus, und prägen Sie sich die richtige Formulierung ein (Zettel: Englisch auf Vorderseite, Deutsch auf Rückseite).

6. Jemand behauptet, Sie hätten alle möglichen Dinge getan, die Sie nicht getan haben. Widersprechen Sie. Beispiel:

> You went to the cinema.
> No, I didn't go to the cinema.

a. You walked along Coventry Street.
b. You went down into the tube station.
c. You bought the Evening Standard.
d. You took the exit on the north side.

e. You were in Bond Street.
f. You went into Howard Goodwin's.
g. You were wearing a raincoat.
h. You had a Harrods bag with you.

7. Sie haben inzwischen eine ganze Reihe von Sätzen mit *want to* kennengelernt.
Zu beachten ist: Im Deutschen sagen wir *ich will gehen,* im Englischen aber *I want to go.*
Schauen Sie sich diese Beispiele mit *want to* noch einmal an:

I didn't want to arrive late.	*Ich wollte nicht verspätet ankommen.*
I'm not sure I want to go to the theatre.	*(Ich bin nicht sicher, daß ich ins Theater gehen will.)*
	Eigentlich möchte ich nicht ins Theater gehen.
I wanted to get some fresh air.	*Ich wollte etwas frische Luft schnappen.*
I wanted to take a look at the shops.	*Ich wollte mir die Geschäfte ansehen.*

Übersetzen Sie bitte die folgenden Sätze. Stellen Sie jeweils den unterstrichenen Satzteil ans Ende.

a. Ich will *Boy Meets Girl* im Odeon sehen.

b. Er will einige Cassetten kaufen.

c. Willst du die Zeitung lesen?

d. Sie wollte mir ein Foto von dir zeigen.

e. Warum wollte er das Zeug verstecken?

8. Schneller Vokabeltest.
Ersetzen Sie die unterstrichenen Ausdrücke durch andere mit etwa gleicher Bedeutung.

a. Why didn't you take the tube?

b. Let's go to the cinema for a change.

c. That's a wonderful idea.

d. At Green Park station I caught a train home.

e. The man entered a jeweller's shop.

f. Can you tell me how to get to the station?

g. It was an extremely pleasant trip.

h. She doesn't live far from Euston station.

i. I got up at half past four this morning.

j. Amanda is doing fine.

In den vergangenen drei Lektionen haben Sie die Vergangenheitsform kennengelernt und schon recht intensiv geübt. In den nächsten drei Lektionen werden Sie lernen, wie man ausdrückt, daß eine Handlung in Zukunft stattfinden wird. Mit Lektion 15 haben Sie dann ein wichtiges Etappenziel erreicht: Sie können sich auf den drei Haupt-Zeitstufen (Gegenwart, Vergangenheit, Zukunft) ausdrücken.

Ab Lektion 13 werden Sie auch eingehender Bekanntschaft mit dem amerikanischen Englisch machen: amerikanische Sprecher(innen) von der Toncassette, amerikanische Ausdrucksweise, amerikanisches „Milieu". Ein geistvoller Mann hat mal gesagt: „Die Engländer und die Amerikaner haben alles gemeinsam – außer der Sprache." Aber das war wirklich nur als Witz gemeint, denn tatsächlich verhält es sich eher umgekehrt: „Die Engländer und die Amerikaner haben nichts gemeinsam – außer der Sprache."

Sie jedenfalls werden im Laufe dieses Kurses beide (und noch andere) Spielarten des Englischen kennenlernen und schließlich zur weltweiten Familie derer gehören, die weder Briten noch Amerikaner sind, aber das Englische als internationale Verkehrssprache benutzen.

13 *What are you doing on Monday?*

Haben Sie mal darüber nachgedacht, wie Sie im Deutschen die Zukunft ausdrücken? Möglicherweise nicht, denn über seine Muttersprache denkt man nicht in dieser Weise nach. Man spricht sie „automatisch".

Vielleicht sagen Sie aber auch: Im Deutschen bildet man die Zukunft mit *werden* – *Das werde ich mir überlegen*. Aber wie ist es mit: *Ich fahre morgen nach Hamburg*? Da haben Sie die Gegenwartsform benutzt, also keine Form mit *werden*, und trotzdem bezieht sich der Satz ganz eindeutig auf die Zukunft.

Wir können also im Deutschen die Gegenwartsform für die Zukunft gebrauchen – allerdings unter der Voraussetzung, daß irgendein Signal da ist, das dem Zuhörer deutlich macht: der Satz bezieht sich auf die Zukunft. Dieses Signal ist hier das Wort *morgen*. Steht der Satz ohne den Zusatz *morgen*, dann geht in der Regel aus der Situation hervor, was gemeint ist – Gegenwart oder Zukunft. Nehmen Sie folgendes Beispiel:

Ich fahre nach Hamburg. *(Zum Schaffner im Intercity gesagt, bedeutet der Satz:)* Ich bin jetzt auf dem Weg nach Hamburg – mein Fahrtziel ist Hamburg.
Ich fahre nach Hamburg. *(Vom Chef morgens im Büro zur Sekretärin gesagt, bedeutet der Satz:)* Ich werde (in naher Zukunft) nach Hamburg fahren.

Ähnlich verhält es sich im Englischen. Es gibt ausgesprochene Zukunftsformen (entsprechend der deutschen Ausdrucksweise mit *werden*), aber man kann auch eine Gegenwartsform – vor allem die Verlaufsform – für die Zukunft benutzen, und dann gelten praktisch die gleichen Gesetze wie im Deutschen (siehe oben):

I'm going to Glasgow tomorrow.	*Ich fahre morgen nach Glasgow.*
We're having a barbecue on Saturday.	*Am Samstag haben wir eine Grillparty.*

1. Machen Sie nun bitte die folgenden Aussagen auf englisch. Setzen Sie die unterstrichene Zeitbestimmung stets ans Satzende.

a. Wir machen am Samstag einen Vereinsausflug.
b. Über die Feiertage (= *over the holidays*) bleiben wir zu Hause.
c. Wir haben morgen abend eine Fete (= *party*).
d. Was macht ihr am Montag?
e. Ich treffe Kathryn am Dienstag.
f. Carol fliegt Sonntag um 21 Uhr ab.
g. Sie kommt am Montag um neun Uhr an.

2. Hören Sie sich noch einmal den Text *A transatlantic call* (*Coursebook* S. 84) an, sprechen Sie ihn laut mit oder (mit Pausetaste) nach, gehen Sie sicher, daß Sie alles verstehen. Können Sie heraushören, daß Carols Aussprache „amerikanisch" klingt?
Hier folgt nun der Text noch einmal – mit Lücken. Versuchen Sie, die Lücken aus der Erinnerung zu füllen.

Queens Auto Service, Carol _____.

Hello, Carol. Danny _____.

Hi! _____ are you?

Fine, _____. And you?

We're _____ pretty excited about our trip.

I'm sure you are. When are you _____?

At 9pm on Sunday – British Airways _____ JFK.

And what time are you getting _____ Heathrow?

About 9am _____ Monday.

Good. What are you _____ on Monday?

Not much. Some sightseeing, maybe a show in the evening – _____ we're not too tired.

And Tuesday you're _____ Kathryn, aren't you?

Yes, we're going to Brighton for the day. Kathryn's _____ us for dinner.

Great. And of _____ we're meeting on Wednesday.

Yes, isn't it _____ ?

I'm arriving about 8am, so I should _____ at the hotel

around 9.30.

Wonderful. We're looking _____ to it.

_____ too. See you then.

_____ you on Wednesday.

Bye-bye!

3. Stellen Sie Fragen, auf die die nachstehenden Aussagen die Antworten sind. In (a) sehen Sie, wie's geht.

a. What are they excited about?   They're excited about their trip.

b. _____   They're leaving on Sunday.

c. _____   They're flying British Airways.

d. _____   They're getting into Heathrow at 9am.

e. _____   They're meeting Kathryn on Tuesday.

f. _____   Danny is arriving about 8am.

4. Immer wieder sind in den bisherigen Texten „besitzanzeigende Fürwörter" vorgekommen. Das sind *my (=mein), your (=dein / Ihr / euer)* etc. Hier haben Sie diese Wörter in einer systematischen Übersicht:

I	– my	ich – *mein*
you	– your	(Anrede:) du – *dein* / Sie – *Ihr* / ihr – *euer*
he	– his	(männliche Person:) er – *sein*
she	– her	(weibliche Person:) sie – *ihr*
it	– its	(Sache:) es – *sein* / er – *sein* / sie – *ihr*
we	– our	wir – *unser*
they	– their	(mehrere:) sie – *ihr*

Nun setzen Sie bitte die passenden Fürwörter ein.

a. I don't always do _____ English homework.

b. On Wednesday she's going to _____ English class.

c. Write _____ first name on a piece of paper, please.

d. A good newsreader doesn't <u>read</u> the news; he <u>tells</u> it to _____ listeners.

e. We're getting pretty excited about _____ trip.

f. Among the pieces was a diamond necklace worth £500,000.

   We very much regret _____ loss.

g. Jodie and Sarah send _____ love.

h. On _____ days off she usually has a lie-in.

i. Keep on until you see the station on _____ right.

j. We're doing our best to keep up _____ sense of humour.

k. We're glad to hear you're all doing fine and that _____ work is coming along well.

l. They're getting into _____ busy season.

m. He has big scabs on _____ ears and is losing hair by the handful.

5. Werfen Sie einen Blick auf die Anzeige für *die Rocky Horror Show*. Da steht: *Live theatre in a big way.* (=„Lebendes" Theater in großem Stil.) Beachten Sie die zwei Aussprachen von *live*:

They <u>live</u> in London. (Aussprache: *live* reimt sich mit *give*.) *Sie wohnen in London.*
It's a <u>live</u> show (Aussprache: *live* reimt sich mit *five*.) *Es ist eine Live-Show.*

Wenn bei uns im Fernsehen von einer *Live-Sendung* die Rede ist, meinen viele, es handele sich um das Wort *life* (=*Leben*); in Wirklichkeit steht hier das Eigenschaftswort *live*, das in seiner Grundbedeutung *lebend* heißt. Eine direkte Übersetzung für *live theatre* gibt es nicht. Gemeint ist *echtes Theater*, d. h. keine „Konserve".

In der nächsten Lektion lernen Sie die Zukunftsform kennen, die im Englischen am häufigsten gebraucht wird: *will.* Achten Sie bitte besonders auf dieses Wort.
Ansonsten ist in der nächsten Lektion viel vom Wetter die Rede, ein Thema, mit dem man – wie im Deutschen – häufig ein Gespräch eröffnet.

14 *What will the weather be like?*

In dieser Lektion erhalten Sie viel Übung im Gebrauch von *will* zum Ausdruck der Zukunft. Es entspricht etwa dem deutschen *werden / werde / wirst / wird / werdet* – wir sehen hier wieder einmal, wieviel leichter es uns das Englische macht, weil da ein Wort längst nicht so viele Formen und Endungen hat wie im Deutschen. Häufig wird *will* allerdings abgekürzt zu *'ll*:

I'll	= I will
you'll	= you will
he'll	= he will *etc.*

Daß *will* nicht die einzige Ausdrucksmöglichkeit für die Zukunft ist, haben Sie in der vergangenen Lektion schon gesehen. Es gibt noch mehr Möglichkeiten, die Sie im Laufe des Kurses alle kennenlernen werden. Aber: *will* ist die statistisch häufigste Zukunftsform, d. h. etwa zwei Drittel aller Aussagen über die Zukunft werden mit einer Form von *will* gebildet, und *will* gehört überhaupt zu den 40 meistgebrauchten Wörtern der englischen Sprache.

1. Wenn wir von der „Grundform" eines Verbs sprechen, dann meinen wir die „ungebeugte", endungslose Form, d. h. die Form, unter der man das Verb z. B. im Wörterbuch nachschlagen kann.

Die Grundform von *gehe / gehst / geht / ging / gingst / gingen / gingt / gehend* ist *gehen*.

Die Grundform von *walks / walked / walking* ist *walk*.
Die Grundform von *goes / went / going* ist *go*.

Wie aber heißt die Grundform von *am / is / are / was / were*?
Nun – sie heißt *be* (=*sein*) und kommt in dieser Lektion häufig vor:

What will the weather <u>be</u> like?	*Wie wird das Wetter <u>sein / werden</u>?*
The north will <u>be</u> cloudy.	*Der Norden wird bewölkt <u>sein</u>.*
Most politicians will <u>be</u> on hand.	*Die meisten Politiker werden zur Stelle <u>sein</u>.*

Ersetzen Sie nun bitte *is/are* in den folgenden Sätzen durch *will/should/can't + be,*
und übersetzen Sie die Sätze ins Deutsche. Beispiel:

> She <u>is</u> alone. → She <u>will be</u> alone. = *Sie <u>wird</u> allein <u>sein</u>.*

a. A room <u>is</u> available. (will)
b. He <u>is</u> at the hotel. (should)
c. The crowds <u>are</u> lighter than usual. (will)
d. They <u>are</u> in Glasgow. (can't)

e. The north <u>is</u> probably dry. (will)
f. She<u>'s</u> about 30 years old. (should)
g. I<u>'m</u> alone. (want to)

2. Jeder der folgenden Sätze sagt etwas über das gestrige Wetter. Benutzen Sie ihn zur
Vorhersage des morgigen Wetters. (Rein statistisch gesehen ist die Trefferquote bei dieser Art
der Wettervorhersage recht hoch!) Beispiel:

> It was warm and sunny yesterday.
> It'll (= It will) be warm and sunny tomorrow.

a. The weather was very warm yesterday.
b. There were a few sunny intervals.
c. Scotland had some showers.
d. The day started cloudy, humid and warm.
e. Temperatures were around 90 degrees yesterday.
f. Yesterday it was rainy, but there were some sunny intervals.
g. Most places had a dry, rather cold day yesterday.

Today:

Partly sunny, hot and humid.
Highs 90 to 95, possibly turning
cooler lakeside. South to
southwest winds 10 to 15 mph
and possibly shifting northeast.

Tonight:

Warm and muggy. Lows around
70.

Sunday:

Partly sunny, very warm and
humid. Highs in the upper 80s to
lower 90s.

3. Wenn man sich bei einer Aussage über Zukünftiges nicht sicher ist, gebraucht man oft *may* (=*kann / wird vielleicht*):

> During the day, there may be a few sunny intervals.
> *Während des Tages kann es „ein paar Aufheiterungen geben".*
> *Vielleicht kommt es während des Tages zu Aufheiterungen.*

Ersetzen Sie in den folgenden Sätzen bitte *will* bzw. *'ll* durch *may*, und übersetzen Sie sie.

a. The crowds of onlookers will be lighter this year.
b. We'll get a little light rain.
c. There will be some showers later.
d. Tomorrow will be even worse than yesterday.
e. I'll go by InterCity next time.

4. Hier ist der Zeitungstext über das New Yorker *Labor Day weekend* (*Coursebook* S. 90) noch einmal. Versuchen Sie, die Lücken aus dem Gedächtnis zu füllen.
Falls Sie Schwierigkeiten haben, hören Sie den Text erst noch ein- oder zweimal, und versuchen Sie es dann – wieder aus dem Gedächtnis.

With the _____ of near-perfect weather for Labor Day weekend, New

Yorkers yesterday _____ to the seashore, the lakes and the mountains for the unofficial

end of summer.

_____ to the National Weather Service _____ will be hazy sunshine today,

with "very warm and humid" weather, and high temperatures _____ 90 degrees. On Labor

Day it will be _____ sunny, hot and humid.

Tomorrow, the _____ Labor Day Parade will _____ up Fifth Ave. from 44th St. to 72nd

St., with the reviewing stand in front of Central Park _____ 67th St.

The _____ of onlookers will probably be lighter _____ usual because of the good

weather, but most New York politicians will be on _____ – at least _____ the cameras

are in action.

5. Kleine Wortschatzübung: Versuchen Sie, jeweils ein Wort zu finden, das in etwa das Gegenteil des genannten Wortes ausdrückt.

wonderful – _____   better – _____

evening – _____   warm – _____

hot – _____   the beginning – _____

sunny – _____   high – _____

rainy – _____   up – _____

southern – _____   official – _____

6. Sehen Sie sich die Tabelle „Ordnungszahlen" an.
Regel: Ordnungszahl = Grundzahl + -th.

Aber: Beachten Sie die völlig unregelmäßigen Ordnungszahlen *first, second* und *third* sowie
die unregelmäßige Schreibweise von *fifth, eighth, ninth, twelfth* und von *twentieth*
['twentɪəθ], *thirtieth* ['θɜ:tɪəθ] etc.

1 January =	1st January =	the first of January	erste
2 January =	2nd January =	the second of January	zweite
3 January =	3rd January =	the third of January	dritte
4 January =	4th January =	the fourth of January	vierte
5 January =	5th January =	the fifth of January	fünfte
6 January =	6th January =	the sixth of January	sechste
7 January =	7th January =	the seventh of January	sieb(en)te
8 January =	8th January =	the eighth of January	achte
9 January =	9th January =	the ninth of January	neunte
10 January =	10th January =	the tenth of January	zehnte
11 January =	11th January =	the eleventh of January	elfte
12 January =	12th January =	the twelfth of January	zwölfte
20 January =	20th January =	the twentieth of January	zwanzigste
30 January =	30th January =	the thirtieth of January	dreißigste

Das Datum können Sie auf zweierlei Weise schreiben / sprechen:
(7 January) the seventh of January
(January 7) January the seventh

Sprechen Sie nun bitte die Daten der *New York legal holidays (Coursebook* S. 92 [6]).
Beispiel:

> New Year's Day is on January the first / the first of January.

Sprechen Sie auch das Datum Ihres eigenen Geburtstags (= *birthday* ['bɜ:θdeɪ]):

> My birthday is on March the seventh / the seventh of March.

Eine Liste der Monatsnamen finden Sie im *Coursebook* (S. 166).

7. Wiederholung von Sprachmaterial aus dieser und der vorigen Lektion. Falls Ihnen die Übung Schwierigkeiten macht, wiederholen Sie sie bitte zu einem späteren Zeitpunkt. (Problemsätze auf Zettel notieren, sie immer wieder anschauen!)

Drücken Sie aus ...

a. ... daß Sie sich auf das Wochenende freuen:

_____

b. ... daß Sie Kathryn am Dienstag treffen:

_____

c. ... daß Sie gegen 19.30 im Hotel sein werden:

_____

d. ... daß Sie wahrscheinlich einige Freunde besuchen werden:

_____

e. ... daß Sie nicht vergessen dürfen, Ihren Regenmantel einzupacken
   (*darf nicht = must not = mustn't*):

_____

Fragen Sie ...

f. ... was der Wetterbericht sagt:

_____

g. ... wie das Wetter morgen sein wird:

_____

h. ... was Carol morgen macht (*do*):

_____

i. ... ob Neujahr hierzulande ein gesetzlicher Feiertag ist:

_____

Wenn Sie jetzt diese Lektion abschließen, denken Sie bitte daran: noch sechs Lektionen, und Sie haben diese Stufe geschafft. Sie verfügen dann über abgeschlossene Grundkenntnisse in der Grammatik und im Wortschatz, mit denen Sie in Alltag und Beruf schon allerhand anfangen können.
Setzen Sie sich bitte unbedingt das Etappenziel: diese 20 Lektionen werde ich durchhalten! Übrigens: Fehler sind nicht so wichtig. Ihr oberstes Ziel muß sein: verstehen und sich ausdrücken können, auch mit Fehlern. Die Angst vor Fehlern kann einen beim Lernen behindern – machen Sie sich frei davon, gerade auch im Gruppenunterricht, das wird Ihrer Ausdrucksfähigkeit zugute kommen.

15 *We're going to buy a souvenir at Macy's*

In dieser Lektion sehen wir New York mit den Augen von Touristen – vielleicht dem jungen Paar Erica und Gary, das von irgendwo „jwd" in Amerika zum *Labor Day weekend* nach New York gekommen ist. Aber so interessant New York sein mag (und es ist wirklich eine ganz außergewöhnliche Stadt!), das Sprachmaterial, das Sie hier üben, ist nicht an New York gebunden oder an die Leute, die Sie im Dialog der Lektion kennenlernen – es könnte überall vorkommen in touristischen Situationen, die ja ein Teil unseres Lebens sind, ein Lebens- bereich noch dazu, in dem Englischkenntnisse besonders nützlich sind.

Also: Hier geht es um die Dinge, die man als Tourist an einem Ort tun wird. Man hat sich einiges vorgenommen: die Sehenswürdigkeit X wird man sich ansehen, das Museum Y wird man besuchen, die örtliche Spezialität Z wird man probieren. Sie sehen: das sind alles Handlungen, die man sich vorgenommen hat, die man beabsichtigt, und um diese Art von Sprachmittel für die Zukunft geht es hier – nämlich um die Zukunftsform mit *going to*:

a. I <u>am going to buy</u> a souvenir at Macy's.
Ich werde bei Macy's ein Souvenir kaufen.

„Speichern" Sie bitte diese Information:
GOING TO bei Handlungen, die FÜR DIE ZUKUNFT
BEABSICHTIGT sind.
(Später werden wir noch Fälle kennenlernen, in denen
mit GOING TO eine GEWISSHEIT ausgedrückt wird,
daß etwas geschehen wird.)

Nun erinnern Sie sich natürlich an die Zukunftsform mit
will, die Sie in der vergangenen Lektion geübt haben, und
da drängt sich die Frage auf, ob man in dem *souvenir*-
Satz nicht auch *will* bzw. die Kurzform *'ll* benutzen kann:

> b. I'll buy a souvenir at Macy's.
>   *Ich werde bei Macy's ein Souvenir kaufen.*

Die Antwort: ja, können Sie! Sie haben ja schon in der vorigen Lektion erfahren, daß *will / 'll*
mit weitem Abstand die am häufigsten gebrauchte Zukunftsform ist. Mit *will* ist Ihre
„Trefferquote" also rein statistisch am größten.
Aber: *Will* hat nicht diesen Unterton von VORGEFASSTER ABSICHT, den *going to* hat.
Wenn Sie also VORGEFASSTE ABSICHT ausdrücken wollen, dann trifft GOING TO ins
Schwarze, nicht aber *will*.
Wenn aber *will* nicht falsch ist, andererseits aber nicht vorgefaßte Absicht ausdrückt, was
drückt es dann aus? Nun, es könnte ja sein, daß Ihnen der Gedanke, bei Macy's ein Souvenir
zu kaufen, gerade erst spontan gekommen ist – dann ist die Ausdrucksweise mit *will* angemessen:

> c. Do you know what I'll do? I'll buy a souvenir at Macy's.
>   *Weißt du, was ich mache? Ich kaufe bei Macy's ein Souvenir.*

Oder – ein anderer denkbarer Fall, in dem *will* angemessen wäre – Sie haben nicht die feste
Absicht, bei Macy's ein Souvenir zu kaufen, Sie wollen es vielleicht tun, vielleicht auch nicht:

> d. Perhaps / Maybe I'll buy a souvenir at Macy's.
>   *Vielleicht / Eventuell kaufe ich bei Macy's ein Souvenir.*

Zweierlei haben wir aus dieser Betrachtung über die Zukunft gelernt:
(1) Es gibt nicht nur <u>eine</u> richtige Form.
(2) Gibt es mehr als eine richtige Ausdrucksweise, dann bestehen oft feine Unterschiede, die zu
kennen nützlich ist und die Ihr Englischkurs Ihnen deshalb zu vermitteln versucht.

1.   Verändern Sie bitte die folgenden Sätze, indem Sie die eingeklammerten Ausdrücke
hinzufügen. Durch die Ergänzungen werden die Aussagen unbestimmter: nicht mehr *going to*
(„feste Absicht"), sondern *will / 'll* ist dann die angemessene Zukunftsform.

a. I'm going to see the Labor Day parade. (maybe)
b. I'm going to have a look round Macy's. (I think)

c. We're going to take a boat ride around Manhattan Island. (perhaps)

d. I'm going to have a steak. (I think)

e. We're going to spend all our money in New York. (I guess)

f. My parents are going to stay at home. (probably)

2. Drücken Sie aus, daß Sie vorhaben…

a. … eine Bootsfahrt <u>um die Insel Manhattan</u> zu machen:

_____

b. … <u>die Freiheitsstatue</u> zu besuchen:

_____

c. … einige Bücher <u>bei Doubleday's</u> zu kaufen:

_____

d. … ein Steak <u>in Frank's Restaurant</u> zu essen:

_____

e. … <u>im Chelsea Hotel</u> zu übernachten (*stay*):

_____

(Der unterstrichene Satzteil gehört jeweils ans Ende.)

3. Vervollstandigen Sie bitte (aus dem Gedachtnis!) den Text uber das Chelsea Hotel.

Chelsea Hotel

222 W. 23rd _____, between Seventh and Eighth _____.

_____ in 1884, a hotel _____ 1905, with _____ beautiful exterior a National Historic

Landmark since 1978. Large, soundproof rooms, in _____ many creative people stayed,

lived, and occasionally _____.

Haben Sie im vorstehenden Text *Street* und *Avenue* verwechselt? Falls ja (und auch sonst!),
schauen Sie sich bitte die Kartenskizze von Manhattan (*Coursebook* S. 96) an:
Die *Avenues* laufen von Süden nach Norden (also vertikal), sie sind von Osten nach Westen
numcricrt, und cs gibt nur zwölf davon. Dic 23. kann also nur cinc *Street* scin.
Die *Streets* laufen horizontal, kreuzen also die *Avenues* in etwa rechtem Winkel. Die Häuser
werden übrigens von der *Fifth Avenue* aus nach Osten bzw. nach Westen gezählt.
222 West 23rd Street ist also ein Haus westlich der *Fifth Avenue*, *222 East 23rd Street* wäre ein
Haus östlich der *Fifth Avenue*.
Die lange Straße, die sich völlig „unregelmäßig" vom Südzipfel Manhattans bis hoch hinauf
westlich vom Central Park windet, ist der weltberühmte *Broadway*.

4. Hören Sie nun bitte noch einigemal den Dialog *In New York on a visit* (*Coursebook* S. 97). Können Sie den amerikanischen Tonfall heraushören? Beachten Sie als besondere Merkmale amerikanischer Aussprache:

out-of-town, pretty, reporter, get in, later on, eat a lot of: Das *t* klingt fast wie *d*.
avenue, news: Ohne [j], also [ˈævənuː] und [nuːz].
New Yorkers, sharp, morning, either: Das *r* ist hörbar.
Center: Ohne t, also [ˈsenər].
gossip, columns: Statt des [ɒ] ein *ah*-artiger Laut: [ˈgɑːsəp].
either: Anders als Sie es im Text von Lektion 6 kennengelernt haben, nämlich vorn mit langem *i* und am Ende mit hörbarem *r*.

5. Haben Sie den Dialog jetzt so oft gehört, gesprochen und gelesen, daß Sie ihn weitgehend im Kopf haben? Versuchen Sie dann bitte, die Lücken in der folgenden Wiedergabe des Textes zu füllen.

Cheryl: Hi, _____, are you from out of town?

Erica: Yeah, we're from London, Ohio. How did you _____?

Cheryl: Oh, I _____ you strolling down the avenue looking at the buildings.

Gary: You New Yorkers are pretty sharp, _____?

Cheryl: Well, I guess we are. _____, I'm a reporter.

Erica: _____, she's a reporter!

Cheryl: Yes, _____ the Daily News.

Gary: We'll _____ to watch what we say, Erica, or _____ we'll end up in the gossip columns.

Cheryl: "Out-of-towners _____ it up in Big A". But all kidding _____. When did you _____ in – today?

Erica: No, at 12:30 a.m. _____. Greyhound from Columbus.

        We're _____ Monday at 6 a.m.

Cheryl: So you _____ see the parade?

Gary: No, we're _____ doing the sights.

        This morning, we saw Rockefeller Center, and

        _____ now we're on our way to Macy's –

        we're going to _____ all our money there.

Cheryl: How d'you _____ the Big Apple?

Erica: It's great, no _____. So many things to _____ and do.

Later on, we're going to eat a _____ of good food –

we'll _____ go to Chinatown or Greenwich Village.

Cheryl: Well, have a good time _____ the town. And give my _____ to London, Ohio!

Gary: Oh, we sure _____. Have a good day.

6. Die Verneinung von *will* verdient besondere Beachtung:

won't = will not = *wird nicht*

Gebrauchen Sie in den folgenden Sätzen statt *will / 'll* bitte die verneinte Form *won't*, und übersetzen Sie die Sätze.

a. This flight will get you to Glasgow in time for your meeting.
b. I'll take the InterCity this time.
c. They'll be in New York on Labor Day.
d. You'll have to cook for yourself.

7. Versuchen Sie, die folgenden Sätze zu übersetzen.

a. Macy's nennt sich das größte Kaufhaus der Welt.
b. Cheryl ist Reporterin bei der Daily News.
c. Wir werden bei Frank's zu Abend essen (*have dinner*).
d. Wir werden wahrscheinlich bei Frank's zu Abend essen.
e. So werdet ihr <also> nicht die Parade sehen?
f. Wir werden entweder nach Chinatown oder nach Greenwich Village gehen.

8. Hier sind die deutschen Übersetzungen einiger Sätze mit *want to* aus früheren Lektionen. Können Sie sie ins Englische zurückübersetzen? (Schwierige Übung!)

a. Ich wollte etwas frische Luft schöpfen.
b. Ich wollte mir die Geschäfte anschauen.
c. Ich wollte nicht verspätet ankommen.
d. Ich bin nicht sicher, daß ich ins Theater gehen möchte.

Die vorstehenden Übersetzungsübungen (und einiges andere in dieser Lektion) sind Ihnen sicher nicht leichtgefallen. Schreiben Sie doch ein paar Sätze, mit denen Sie besondere Schwierigkeiten hatten, wieder auf ein Stück Papier – pro Satz ein Zettel: Englisch auf die eine Seite, Deutsch auf die andere. Aber dann nehmen Sie diese Zettel ruhig in die nächste Lektion mit. Nicht zurückschauen, sondern vorwärts! Durch ständiges Üben mit immer neuem Material wächst Ihr Sprachvermögen.

16 *They haven't built enough roads*

In den bisherigen Lektionen haben wir uns auf den drei Haupt-Zeitebenen bewegt:
Gegenwart – Vergangenheit – Zukunft.
In dieser Lektion nun lernen wir eine neue Form kennen, die drei wesentliche Eigenschaften hat:
(1) Sie gehört zur Zeitstufe der Vergangenheit.
(2) Sie hat eine ziemlich direkte Entsprechung im Deutschen.
(3) Ihr Gebrauch unterliegt etwas anderen Regeln als im Deutschen.
Beispiele für diese neue Form – man nennt sie das Perfekt:

a. I <u>have read</u> …
   Ich <u>habe gelesen</u> …
b. They <u>have built</u> too many roads.
   Sie <u>haben</u> zu viele Straßen <u>gebaut</u>.
c. They <u>have not improved</u> public transport enough.
   Sie <u>haben</u> die öffentlichen Verkehrsmittel <u>nicht</u> genug <u>verbessert</u>.
d. There <u>has been</u> an accident.
   Da <u>ist</u> ein Unfall <u>gewesen</u>. / Es <u>hat</u> einen Unfall <u>gegeben</u>.

Das Perfekt wird mit *have / has* und der „3. Form" des Verbs gebildet.
Mit dem Namen „3. Form" meinen wir folgendes:

Um ein englisches Verb in jeder möglichen Konstruktion oder Form benutzen zu können, müssen wir höchstens <u>drei</u> Formen kennen:

1. Form	2. Form	3. Form
<u>see</u>	<u>saw</u>	<u>seen</u>
sehen	*sah*	*gesehen*
(Grundform)	(Vergangenheitsform)	(z. B. *has seen* = *hat gesehen*)

Bei den unregelmäßigen Verben werden Ihnen von dieser Lektion an stets diese drei Formen im Wörterverzeichnis angegeben.

Bei den regelmäßigen Verben kann man sich alle Formen selbst ableiten – man braucht sie nicht für jedes Verb extra zu lernen. Außerdem sind hier die 2. und 3. Form identisch:

1. Form	2. Form	3. Form
<u>fill</u>	<u>filled</u>	<u>filled</u>
füllen	*füllte*	*gefüllt*
(Grundform)	(Vergangenheitsform)	(z. B. *has filled* = *hat gefüllt*)

Sie sehen also: Die Bildung des Perfekts ist bei <u>regelmäßigen</u> Verben einfach, denn die dafür benötigte „3. Form" endet immer auf -*ed* und ist damit gleich der Vergangenheitsform.
Bei <u>unregelmäßigen</u> Verben muß man zur Bildung des Perfekts wissen, wie die „3. Form" lautet – im Zweifel muß man diese Form im Wörterverzeichnis zur Lektion oder in der Liste der unregelmäßigen Verben nachsehen (S. 102 – 103).

1. Versuchen Sie, im ersten Teil des Dialogs aus *Coursebook* S. 102 die Perfektformen aus dem Gedächtnis zu vervollständigen. (Bei Unsicherheit den Text vorher noch mehrmals hören und lesen, unbekannte Wörter nachschlagen.)

Newsreader: On the A10 Great Cambridge Road in Lower Edmonton, at the junction with
Church Street, there has _____ an accident southbound which is causing
tailbacks.

Eric: Tailbacks everywhere, it's the same every rush hour.

Linda: The roads have _____ so crowded you can hardly get across at all any
more.

Eric: They haven't _____ enough new roads – is that what you're saying?

Amanda: On the contrary. They've _____ too many roads already. They
haven't _____ public transport enough – that's the real
problem.

Linda: I've _____ that one bus can carry as many people as 60 cars.

Amanda: Exactly. But then, a tram can carry even more people than a bus.

Eric: Some cities have _____ them back – I rather like the idea.

2.   In den folgenden Sätzen werden wiederum Ausdrücke und Formen aus dem Dialog im *Coursebook* S. 102 getestet. Hören und lesen Sie diesen Text am besten noch einmal, bevor Sie an die Übersetzung gehen. – Die unterstrichenen Satzteile gehören jeweils ans Ende!

a. Es hat <u>einen Unfall</u> gegeben.
b. Der Unfall hat <u>einen Stau</u> verursacht.
c. Sie haben nicht <u>genug neue Straßen</u> gebaut.
d. Sie haben <u>die öffentlichen Verkehrsmittel</u> verbessert.
e. Ich habe <u>einen Artikel über Straßenbahnen</u> gelesen.
f. Einige Städte haben sie wieder eingeführt („haben sie zurückgebracht").

3.   Bilden Sie bitte Sätze mit dem Perfekt. Die Satzteile sind durcheinandergeworfen. Versuchen Sie, sie nach Gefühl in die richtige Reihenfolge zu bringen. Beispiel:

> an American symbol / become / the Statue of Liberty
> The Statue of Liberty has become an American symbol.

a. I / with Amanda / it / discuss
b. I / that film / already / see
c. your letter / carefully / I / read
d. we / a cat / want / always
e. they / on 23rd Street / a new hotel / build
f. at the Chelsea Hotel / stay / we / never

4.   Ganz am Anfang dieser Lektion wurde über das Perfekt etwas geheimnisvoll gesagt: Sein Gebrauch unterliegt etwas anderen Regeln als im Deutschen. Ein wichtiger Unterschied, den Sie unbedingt beachten müssen, ist folgender:

Im Deutschen können Sie sagen:

> Wir <u>haben</u> es gestern <u>diskutiert</u>.

Im Englischen können Sie zwar sagen:

> We <u>have discussed</u> it.

Aber sobald Sie hinzufügen, WANN Sie es diskutiert haben, können Sie nicht das Perfekt, sondern nur die Vergangenheitsform gebrauchen:

> We <u>discussed</u> it yesterday.

Erhöhen Sie Ihre Widerstandskraft gegen diese „deutsche Versuchung", indem Sie die nachstehenden Sätze durch Hinzufügen der folgenden Zeitbestimmungen verändern.

last time	= *letztes Mal / beim letztenmal*
last week	= *vorige Woche / vergangene Woche*
last year	= *voriges Jahr / vergangenes Jahr*
yesterday	= *gestern*

a. I've asked her.
b. We've packed our bags.
c. Your letter has arrived.
d. The new English course has started.

e. They've built a new road.
f. I've read an interesting article about trams.
g. I've seen that film.
h. There's been an accident.

5. *Trams are faster than buses* (=*Straßenbahnen sind schneller als Busse*) – dieser Satz erinnert uns an die Gleichung *than = als* bei Vergleichen.
Denken Sie außerdem daran, daß kürzere Wörter so gesteigert werden wie im Deutschen, nämlich durch die Endung *-er,* längere aber durch Vorsetzen von *more:*

The tram is <u>cheaper than</u> a taxi.	*Die Straßenbahn ist <u>billiger als</u> ein Taxi.*
A taxi is <u>more expensive than</u> the tram.	*Ein Taxi ist <u>teurer als</u> die Straßenbahn.*

Sprechen und schreiben Sie bitte die folgenden Sätze, und vervollständigen Sie sie jeweils durch einen passenden Vergleich.

a. A tram can carry _____ people _____ a bus.

b. A tram uses _____ energy _____ a bus.

c. The tube is _____ _____ a taxi.

d. New York is _____ _____ London, Ohio.

e. Macy's in New York is _____ _____ the Kaufhof in Düsseldorf.

f. The Chelsea Hotel is _____ _____ the Hilton.

g. The weather in Italy is _____ _____ it is in Scotland.

h. The plane is _____ _____ the train.

i. A bed and breakfast in Hammersmith is _____ _____ a big hotel in the West End.

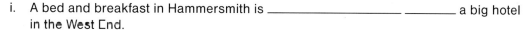

Das Perfekt richtig zu gebrauchen, lernt man nicht auf Anhieb, deshalb kommen wir auf diese Form in späteren Lektionen noch oft zurück.
Die nächste Lektion bringt grammatisch nichts Neues, vermittelt Ihnen aber nützlichen Wortschatz für das Reisen in englischsprachigen Ländern.

17 Have you got a room?

Thema und Situation dieser Lektion werden durch ein Stichwort bestimmt: HOTEL. Dabei werden die Vergangenheit und andere Formen wiederholt – allen voran der vom Deutschen her eigenartig wirkende Ausdruck *have got* für *haben*.

Have got hieß ursprünglich *haben bekommen*, war also das Perfekt von *get*, hat aber diese Bedeutung ganz verloren und heißt nun einfach *haben*:

> <u>Have you got</u> a ring binder? – No, I <u>haven't</u>. But <u>I've got</u> a notebook.

Die gleichen Aussagen lassen sich auch ohne *got* machen:

> <u>Do you have</u> a ring binder? – No, I <u>don't</u>. But I <u>have</u> a notebook.

Es gibt also zwei Grundschemas für Konstruktionen mit *have*:

	Schema 1	Schema 2	
Aussage:	I have a car.	I've got a car.	*Ich habe ein Auto.*
Frage:	Do you have a car?	Have you got a car?	*Haben Sie ein Auto?*
Verneinung:	I don't have a car.	I haven't got a car.	*Ich habe kein Auto.*

Um nun entscheiden zu können, welcher der beiden Konstruktionen Sie im konkreten Anwendungsfall den Vorzug geben sollten, müssen Sie folgendes bedenken:
Schema 1 ist immer richtig.
Schema 2 ist nicht immer anwendbar. Beispiele:

<u>Do you have</u> breakfast in bed?	*Frühstücken Sie im Bett?*
Why <u>don't</u> you <u>have</u> a lie-in?	*Warum schläfst du dich nicht aus?*

Hier also wäre die Konstruktion mit *got* (*Have you got…?*, *Why haven't you got…?*) nicht möglich.
Hieraus folgt: Die Ausdrucksweise mit *have got* (Schema 2) sollten Sie kennen und verstehen, denn sie kommt sehr häufig vor. Sie sollten Sie aber selbst nur dann verwenden, wenn Sie sicher sind, daß sie im gegebenen Fall richtig ist. <u>Im Zweifel sollten Sie stets Schema 1 anwenden.</u>

1. Übersetzen Sie die folgenden Sätze.

a. Ich habe ein sehr hübsches Zimmer.
b. Ich habe keine Kreditkarte.
c. Ich möchte nicht im Bett frühstücken.
d. Sie können ein Zimmer im Regent Palace haben.

e. Das Zimmer hat kein Bad.
f. Wir haben keine Einzelzimmer frei.
g. Ich habe keine Ahnung, wo sie ist.

2. Fragen Sie jemand …

a. … ob er/sie ein Zimmer für zwei Nächte hat:

_____

b. … ob es ein Bad hat:

_____

c. … ob er/sie nicht ein Zimmer nach hinten hat:

_____

d. … ob er/sie einen guten Flug hatte:

_____

e. … wo er/sie für gewöhnlich (= *usually*) zu Mittag ißt:

_____

f. … ob er/sie Sinn für Humor hat:

_____

3. Schauen Sie sich noch einmal den Dialog an der Hotelrezeption an. Achten Sie besonders auf die unterstrichenen Ausdrücke. Sie dienen nicht in erster Linie der „nackten" Informationsvermittlung, sondern der Schaffung eines angenehmen, geschäftsfördernden Gesprächsklimas.

Der/Die *receptionist* z. B. sagt niemals nur *no*, sondern irgend etwas mit *I'm afraid*. Das mildert die negative Antwort ab, und zweimal fügt er/sie auch noch einen Nachsatz mit *but* hinzu, der die negative Antwort praktisch zu einer positiven macht. Achten Sie auch darauf, wie den Formulierungen durch *could, would* und *may* eine „angenehme" Färbung gegeben wird und wie der Zusatz *of course* den positiven Charakter einer Aussage noch steigert.

Hören Sie bitte auch die Tonaufnahme, und beachten Sie die „Sprachmclodie", d. h. die Art, wie die Höhe und Stärke des Tones beim Sprechen verändert wird – der Ton macht die Musik!

Mr Grant:	<u>Good afternoon</u>. Have you got a single room for two nights?
Receptionist:	<u>I'm afraid</u> we haven't got any singles left, <u>sir</u>, but <u>I could give you</u> a twin at a special rate – £85 instead of the usual £95.
Mr Grant:	Does it have a bath?
Receptionist:	<u>Yes of course, sir</u>. All our rooms have private bathrooms.
Mr Grant:	<u>What about</u> breakfast – is that included in the price?
Receptionist:	No, <u>I'm afraid not, sir</u>.
Mr Grant:	<u>Oh – well, okay, I think</u> I'll take the room. Is it at the back – away from the traffic?
Receptionist:	No, <u>I'm afraid</u> it's at the front, but we've got double glazing in all our rooms.
Mr Grant:	<u>All right …</u>
Receptionist:	<u>Would you</u> like to register, <u>please</u>?
(Mr Grant fills in the registration form.)	
Receptionist:	And how are you going to pay, <u>sir</u>?
Mr Grant:	By credit card.
Receptionist:	<u>May I</u> have your card, <u>please</u>?
Mr Grant:	<u>Yes of course</u> – here you are.
Receptionist:	*(Makes imprint of card on voucher, then returns the card.)* <u>Right. Thanks very much, sir</u>. Here's your key. You've got room number 405. It's on the fourth floor. The lift's through there on the left …

4. Hier nun ist der Dialog noch einmal. Die in Übung 3 unterstrichenen Textstellen sind weggelassen. Können Sie sie ergänzen? (Decken Sie Übung 3 bitte ab.)

Mr Grant: _____. Have you got a single room for two nights?

Receptionist: _____ we haven't got any singles left, sir, but

_____ a twin at a special rate – £85 instead of the usual £95.

Mr Grant: Does it have a bath?

Receptionist: _____, _____. All our rooms have private bathrooms.

Mr Grant: _____ breakfast – is that included in the price?

Receptionist: No, _____, _____.

Mr Grant: _____ – _____, _____, _____ I'll take the room. Is it at the back – away from the traffic?

Receptionist: No, _____ it's at the front, but we've got double glazing in all
our rooms.

Mr Grant: _____ …

Receptionist: _____ like to register, _____?

(*Mr Grant fills in the registration form.*)

Receptionist: And how are you going to pay, _____?

Mr Grant: By credit card.

Receptionist: _____ have your card, _____?

Mr Grant: _____ – here you are.

Receptionist: (*Makes imprint of card on voucher, then returns the card.*) _____.

_____, _____. Here's your key. You've got room number

405. It's on the fourth floor. The lift's through there on the left …

5. So, jetzt sind wieder mal Wörter wie *at, for* und *on* dran (es sind noch vier weitere!).
Versuchen Sie, sie in den folgenden Sätzen zu ergänzen.

a. I was in London _____ business, not _____ pleasure.

b. I didn't book _____ a travel agent.

c. I stayed _____ the hotel _____ three nights.

d. I had a double room _____ the fourth floor _____ a special rate.

e. The room was _____ the back, away _____ the traffic.

f. The pool was what I liked most _____ the hotel.

g. Of course I would recommend the hotel _____ my friends.

6. Nehmen Sie bitte das von Mr Grant ausgefüllte *Registration Form* (*Coursebook* S. 110)
zur Hand, und vervollständigen Sie die folgenden Sätze.

Alan Grant stayed at the Coventry Hotel …
He arrived on …
He checked out (= *reiste ab*) …
His room number …
He paid …   (pay – paid – paid = *bezahlen – bezahlte – bezahlt*)

In der nächsten Lektion geht es grammatisch noch mal um das Perfekt (*have been* …), und
zwar um einen Gebrauch, der uns vom Deutschen her gar nicht geläufig ist. Passen Sie also auf
diese Formen gut auf, wenn der Stoff der Lektion 18 im Unterricht geübt wird.

18 *How long have you been learning English?*

In dieser Lektion lernen Sie einen Sprachgebrauch kennen, der total vom Deutschen abweicht. Es ist deshalb schwer zu lernen und verleitet immer wieder zu Fehlern.
Gehen Sie diese Lektion bitte ganz locker an, nehmen Sie es sportlich, wenn Sie Schwierigkeiten haben – es geht Ihnen nicht allein so! Weil diese Struktur für Deutschsprachige so schwer spontan zu gebrauchen ist, wird sie im weiteren Verlauf des Kurses immer wieder aufs neue geübt.
Aber vielleicht fällt es Ihnen leichter, als zu erwarten ist? Auf jeden Fall sollten Sie an dieses Thema hellwach rangehen – sich nicht zu lange in die Sache verbeißen, sondern: kurze, intensive Lern- und Übungsphasen, dann wieder was anderes machen.
Sie wissen ja: einmal täglich eine Viertelstunde ist besser als einmal die Woche zwei Stunden auf einen Schlag.

Schauen Sie sich bitte diese Folge von Sätzen an:

---

(1) You <u>have</u> a fridge.
Sie <u>haben</u> einen Kühlschrank.

(2) How long <u>have</u> you <u>had</u> this fridge?
Wie lange <u>haben</u> Sie diesen Kühlschrank (schon)?

(3) I <u>have had</u> it for 15 years.
Ich <u>habe</u> ihn (schon) seit 15 Jahren.

Sie sehen:

In Satz (1) geht es um die Gegenwart: Sie haben (jetzt) einen Kühlschrank. Hier stimmt Englisch und Deutsch überein: beide haben die Gegenwartsform *have*.

Nun schauen Sie sich (2) und (3) an. Wie in (1) hat das Deutsche auch hier die Gegenwartsform: *habe(n)*. Aber das Englische hat nicht die Gegenwartsform, sondern das Perfekt von *have*: *have had* (eigentlich = *habe[n] gehabt*).

Merken Sie sich:

Wenn eine Handlung oder ein Zustand irgendwann in der Vergangenheit begonnen hat und in der Gegenwart noch andauert, dann gebraucht das Englische das Perfekt. Ihr „Besitz" des Kühlschrankes hat vor 15 Jahren begonnen und dauert noch an – also Perfekt: *have had* (nicht einfach *have*, wie im Deutschen!).

Ein weiteres Beispiel:

> (4) Cheryl is a reporter.
>   *Cheryl ist Reporterin.*
>
> (5) How long has she been a reporter?
>   *Wie lange ist sie schon Reporterin?*
> (6) She has been a reporter for three years.
>   *Sie ist (schon) seit drei Jahren Reporterin.*

Wieder drückt der erste Satz (4) den „Jetztzustand" aus: Cheryl ist Reporterin. Englisch und Deutsch stimmen überein – sie gebrauchen die Gegenwartsform *is* = *ist*.

In den beiden Folgesätzen (5 und 6) geht es nicht um den Jetztzustand, sondern um einen Zustand, der in der Vergangenheit (vor drei Jahren) begonnen hat und in der Gegenwart noch andauert: das Deutsche gebraucht auch hier die Gegenwartsform *ist* (allerdings oft in Kombination mit *schon*!), das Englische aber verwendet das Perfekt: *has been*.

Noch ein Beispiel:

> (7) Alan plays / is playing tennis.
>   *Alan spielt Tennis.*
>
> (8) How long has Alan been playing tennis?
>   *Wie lange spielt Alan schon Tennis?*
> (9) Alan has been playing tennis for 20 years.
>   *Alan spielt schon seit 20 Jahren Tennis.*

Wieder das gleiche Spiel:

In (7) geht es um das, was jetzt in der Gegenwart geschieht: *Alan spielt Tennis.* Deutsch und Englisch haben beide die Gegenwartsform – das Englische hat dabei die Wahl zwischen einfacher Form (*plays*) und Verlaufsform (*is playing*). Will man ausdrücken, daß Alan im Augenblick gerade – oder vorübergehend – Tennis spielt, so gebraucht man die Verlaufsform (*is playing*); soll dagegen ausgedrückt werden, daß Alan Tennisspieler ist, daß es sein Hobby ist, Tennis zu spielen (ohne Rücksicht darauf, ob er im Moment gerade spielt), so ist die einfache Form angebracht (*plays*).

Wieder gehen Englisch und Deutsch getrennte Wege, wenn gesagt werden soll, wie lange Alan schon Tennis spielt (Beispiele 8 und 9): die Handlung hat in der Vergangenheit (vor 20 Jahren) begonnen und dauert in der Gegenwart noch an (Alan spielt immer noch Tennis). Das Deutsche gebraucht hier – wie in (7) – die Gegenwartsform *spielt,* allerdings kombiniert mit *schon*; das Englische dagegen die *have*-Form kombiniert mit der Verlaufsform: *has been playing.*

Wir merken uns nun diese drei Beispiele als Muster und veranschaulichen sie uns durch folgendes Bild:

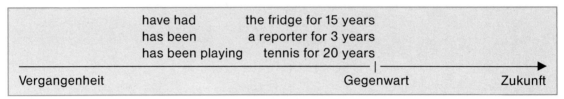

1. Drücken Sie aus, daß sich eine Handlung oder ein Zustand aus der Vergangenheit in die Gegenwart erstreckt, und übersetzen Sie die Sätze.

> I / come / to this class / two years
> I've been coming to this class for two years.

a. I / read / the Evening Standard / at least ten years
b. Sarah / take / piano lessons / about six months
c. he / sing / in the choir / nearly twenty years
d. we / give / him these pills / ten days
e. Fletcher / not eat / properly / a week
f. Angela Carter / be / our English teacher / about a year
g. Mark / be / Nicole's boyfriend / about six months
h. Carol / be / ill / two weeks
i. I / have / this bicycle / 20 years

2. Formulieren Sie die folgenden Sätze um – den Zeitraum jeweils auf das aktuelle Jahr bzw. den aktuellen Monat bezogen.

> Jim got his car in 1989.
> Jim has had his car for XX years.
>
> Monica became a stewardess in 1986.
> Monica has been a stewardess for XX years.
>
> Bill started playing tennis in 1987.
> Bill has been playing tennis for XX years.

a. Laura Torino started working for DataTec in 1988.
b. Frank and Doris got married in 1985.

c. Mrs Davis started shopping at Macy's in 1971.
d. London got its first underground railway in 1863.
e. I started learning English in …
f. Labor Day became a holiday in the United States in 1894.
g. The Taylors came to live in Glasgow in 1983.
h. Marilyn Monroe died in 1962.
i. The artist came to stay at the Chelsea Hotel last May.

3. Schon früher empfahlen wir Ihnen eine nützliche Gedächtnisübung und Lerntechnik: einen Text abschreiben und dabei für jedes 5. (4. oder 6.) Wort eine Lücke lassen, die Sie später ausfüllen. Machen Sie das doch bitte mal mit dem kleinen Text über Arthur Miller (*Coursebook* S. 116). Wenn Sie kühn sind: jedes 4. Wort weglassen, sonst jedes 5. oder (wenn Sie sich schwach fühlen) jedes 6. Wort.

4. Nachstehend noch einmal der Dialog *In a New York taxi*.
Ergänzen Sie bitte die fehlenden Ausdrücke – eine „Doppellücke" bedeutet, daß zwei Wörter fehlen.

Peter: The German Consulate, Park Avenue, please. Do you _____ where it is?

Driver: Yeah, at East 57th Street, no _____.

Peter: Slow down a bit, _____ _____ – that's the Chelsea Hotel over there.

_____ let me get a look at it.

Driver: You know the _____?

Peter: No, I don't _____, but I've heard about it. A lot of famous _____

have stayed there. Musicians, artists …

Driver: And writers too. I once _____ Arthur Miller _____ at the Chelsea.

Peter: Did you _____?

Driver: Sure. It was late at night. He was coming from the theatre, I _____. We didn't talk

and I didn't ask him _____ his autograph.

Peter: How many years _____ you _____ driving?

Driver: _____ twenty-five years.

Peter: That's a _____ time.

Driver: It _____ is. I always wanted to quit and do something _____,

but _____ it never worked out. Maybe if I win the lottery or _____.

Peter: You _____ like driving?

Driver: Who _____? You're _____ waiting or you're _____ in traffic. A lot of the time

it just _____ you stiff.

Peter: What would you like to do _____?

Driver: I've always wanted to _____ a writer. For 24 years I _____ _____ driving people

around this crazy city. That gives you a _____ of stuff to write about …

5. Übersetzen Sie die folgenden Sätze. Denken Sie daran: das Deutsche führt Sie in die Irre! Statt der Gegenwartsform im Deutschen müssen Sie im englischen Satz das Perfekt benutzen, da es um Handlungen / Zustände geht, die sich aus der Vergangenheit in die Gegenwart erstrecken. Der unterstrichene Satzteil gehört ans Satzende.

a. Wie lange haben Sie <u>diesen Computer</u> <schon>?
b. Sie ist <schon> <u>seit 20 Jahren</u> Lehrerin.
c. Er ist <schon> <u>seit Monaten</u> krank.
d. Wie lange lernen Sie <schon> <u>Englisch</u>?
e. Sie wohnt <u>seit Jahren</u> in einem Hotel.
f. Dieser Mann steht da <schon> <u>seit einer Stunde</u>.
g. Der Junge guckt <u>seit Stunden</u> Fernsehen.

Üben Sie gelegentlich mit Partner(in)? Falls Sie zu Hause niemand haben, mit dem Sie Englisch machen können, sollten Sie überlegen, ob nicht jemand aus Ihrem Englischkurs für gelegentliches gemeinsames Lernen zu Hause in Frage käme. Sprache ist ja vor allem eine soziale Aktivität. Gerade das für das Erlernen einer Fremdsprache so wichtige laute Sprechen läßt sich natürlicher praktizieren, wenn Sie einen echten Gesprächspartner haben. Allerdings ist auch das Alleinlernen keinesfalls nutzlos. Dieses *Workbook* ist ja bewußt so angelegt, daß Sie damit „im stillen Kämmerlein" arbeiten können. Die Toncassette spielt ebenfalls eine wichtige Rolle. Vergessen Sie bitte nicht, auch regelmäßig lautes Lesen und Sprechen zu üben, auch wenn niemand zuhört!

Und nun gehen Sie bitte weiter zur vorletzten Lektion, in der Sie noch einmal eine wichtige neue Konstruktion kennenlernen: das Passiv, das ja im Deutschen auch Leideform heißt, obwohl die Handlung, die das Subjekt „erleidet", keineswegs leidvoll zu sein braucht:

| Aktiv: | Ich <u>küsse</u>. |
| Passiv: | Ich <u>werde geküßt</u>. |

19 *He was stopped by a security guard*

Die ziemlich deprimierende Geschichte von Joe Cline hat sich wirklich so ereignet; nur die Namen sind geändert. Unter etwas anderen Vorzeichen hätte sie wohl auch in einem deutsch sprachigen Land passieren können – mit dem einen Unterschied, daß es bei uns nicht so viele *security guards* (=*für die Sicherheit zuständige Angestellte*) gibt. In den *United States* sind sie allgegenwärtig in Kaufhäusern, Supermärkten, großen Geschäften, Banken, Bürogebäuden usw.: uniformierte Männer mit locker baumelnder Pistole, die alles und jeden ständig im Auge zu haben scheinen.

Aber die Geschichte, obwohl sicher auch ein Stück „Landeskunde", steht hier wegen ihres sprachlichen Gehalts: sie enthält nützlichen Wortschatz aus dem Bereich *shopping* und *police*, und sie gibt uns natürliches Anschauungsmaterial für die hier im Vordergrund stehende grammatische Struktur, das Passiv:

Aktiv:	A security guard <u>stopped</u> him.
	Ein Sicherheitsbeamter hielt ihn an.
Passiv:	He <u>was stopped</u> by a security guard.
	Er wurde von einem Sicherheitsbeamten angehalten.

Sie sehen: Man kann den gleichen Sachverhalt durch einen Aktivsatz oder einen Passivsatz ausdrücken. Nur die Sichtweise unterscheidet sich: im Aktivsatz fällt das Rampenlicht auf den, von dem die Handlung ausgeht („Täter"); im Passivsatz fällt es auf den, der das „Ziel" der Handlung ist („Opfer").

Naturgemäß wird das Passiv überall da bevorzugt, wo der „Täter" entweder unbekannt oder unwichtig bzw. selbstverständlich ist. Wenn z. B. jemand verhaftet wird, ist es klar, daß die Polizei die Verhaftung vorgenommen hat, es braucht also nicht erwähnt zu werden:

He <u>was arrested</u>.	*Er wurde verhaftet.* *Man verhaftete ihn.* *Man hat ihn verhaftet.*

Wenn bei jemand eingebrochen wurde, und man kennt den Täter nicht, dann bietet sich für diese Mitteilung wiederum die Passivkonstruktion an:

Our house <u>was broken into</u>.	*In unser Haus wurde eingebrochen.* *Man hat bei uns eingebrochen.*

1.　Bilden Sie bitte Passivsätze entsprechend dem Muster, und übersetzen Sie sie ins Deutsche. Passen Sie bitte besonders bei den unregelmäßigen Verben auf, denn da endet die benötigte „3. Form" ja nicht auf *-ed*.

> he / release / on bail
> He was released on bail.

a.　the room / book / through a travel agent
b.　the Chelsea Hotel / build / in 1884
c.　trams / bring back / in 1988
d.　a Bond Street jeweller / rob / yesterday
e.　the robber / catch / the next day
f.　he / take away / in handcuffs
g.　the tailback / cause / by an accident
h.　the news / read / by Alan Bedford

2.　Im folgenden wird die Geschichte von Joe Cline in Aktivsätzen erzählt. Wandeln Sie sie bitte ins Passiv um, und lassen Sie dabei den „Täter" weg. Beispiel:

> The police arrested our neighbour Joe Cline in a store.
> Our neighbour Joe Cline was arrested in a store.

a.　Yes, they arrested him and took him away in handcuffs.
b.　A store security guard stopped him.
c.　The security guard asked him to pay for the grapes immediately.
d.　When Joe refused, the security guard called the police.
　　(Achtung: *police* ist Mehrzahl, also nicht *was*, sondern *were*!)
e.　The police handcuffed him.
f.　They took him to jail like a criminal.
g.　Later they released him on bail.

3. Die Passivsätze, mit denen wir uns hier bisher beschäftigt haben, waren alle in der Vergangenheitsform, also mit *was/were*. Im Dialog (*Coursebook* S. 123) sind aber auch drei Belege mit der Gegenwartsform zu finden:

Thousands of people <u>are robbed</u>.	*Tausende von Menschen <u>werden beraubt</u>.*
Thousands of homes <u>are broken into</u>.	*In Tausende von Häusern <u>wird eingebrochen</u>.*
The criminals <u>are</u> never <u>caught</u>.	*Die Täter <u>werden</u> nie <u>gefaßt</u>.*

Übersetzen Sie bitte die folgenden Sätze.
Die Zeitbestimmung *every day/week/month/year* gehört immer ans Ende.

a. Tausende von Menschen werden jeden Tag verhaftet.
b. Tausende von Verdächtigen werden jeden Monat gegen Kaution freigelassen.
c. Tausende von neuen Straßen werden jedes Jahr gebaut.
d. Tausende von Dollars werden jede Woche in der Lotterie gewonnen.

4. Wie gut haben Sie den Wortschatz des Zeitungsartikels (*Coursebook* S. 120) im Gedächtnis? Falls Sie sich nicht ganz sicher fühlen, schauen Sie ihn sich noch mal an, hören Sie vielleicht auch die Tonaufnahme. Und dann ergänzen Sie bitte die fehlenden Wörter in der folgenden Wiedergabe des Textes.

Police _____ a man in a Miami supermarket yesterday. The charge: petty

theft and _____ arrest without violence.

Joe Cline, 55, a plumber, was _____ with his wife, Louise. They had about

$30 worth of _____ in their basket when Cline broke the plastic wrapper on

a $2.45 package of grapes and _____ a few in his mouth.

When a store security guard _____ them, Cline said they were going to pay

for the grapes with the other groceries at the checkout _____.

The security guard _____ Cline to pay for the grapes immediately, but Cline

_____. When police arrived, he _____ to go with them.

He was handcuffed and _____ to Dade County Jail, where he was booked

and later _____ on $1,000 bail.

5. Versuchen Sie, die unterstrichenen Ausdrücke in den folgenden Sätzen durch andere zu ersetzen, die Sie in dieser Lektion kennengelernt haben.

a. He ate <u>a few</u> grapes.
b. A security guard <u>came up to</u> them.
c. The security guard asked Cline to pay for the grapes immediately, but Cline <u>said no</u>.
d. He ate <u>them all</u> before he got to the checkout.

e. I'm going to pay for the grapes <u>together</u> with everything else at the checkout.

f. <u>We have to</u> have more police.

g. <u>We have</u> enough police already.

h. They have <u>caught</u> the robber.

i. They're all out to catch drivers who <u>are over</u> the speed limit.

6. Die englischen Entsprechungen für die nachstehenden Sätze stehen in dem Dialog *Coursebook* S. 123. Können Sie sie aus dem Gedächtnis wiedergeben? Diese Übung ist schwer! Es macht nichts, wenn Sie Fehler machen oder etwas nicht wissen. Das „Aha-Erlebnis" beim Vergleich mit dem Schlüssel (S. 101) wird es Ihnen leichter machen, sich diese idiomatischen Formulierungen zu merken. („Verweigerer" auf Zettel notieren!)

a. Wir müssen einfach mehr Polizisten (*police*) haben – das sage ich ja immer.

b. Wir haben doch schon genug Polizisten, und die verhaften Leute, wenn sie in einem Laden Weintrauben essen.

c. Ihr werdet es nicht glauben – Joe wurde verhaftet und in Handschellen weggeführt.

d. Nur weil er Weintrauben gegessen hat?

e. Er hat nur ein paar Weintrauben gegessen. (Vergangenheitsform!)

f. Nun, das darf man ja auch nicht.

g. Sie haben ihn tatsächlich verhaftet? (Vergangenheitsform!)

h. Ja – unglaublich, was?

Der Brief in Lektion 20 bietet einiges an interessanten Informationen. Lesen Sie ihn einfach zunächst oberflächlich, so daß Sie in großen Zügen herausfinden, was drinsteht. Dann arbeiten Sie sich durch Nachschlagen einzelner Textstellen allmählich zum Verständnis von Einzelheiten durch.

Immer wieder oberflächlich lesen und sich allmählich zum Verständnis von Einzelheiten durcharbeiten! Diese Regel gilt auch für das Hören englischer Sendungen, das Sehen englischsprachiger Filme usw.: nicht den Kopf verlieren, wenn man Dinge nicht auf Anhieb versteht. Ist Ihnen schon mal aufgefallen, daß Sie beim deutschsprachigen Fernsehen oder Rundfunkhören oder Zeitunglesen auch vieles nicht verstehen, d. h. bewußt aufnehmen? In der Muttersprache beunruhigt Sie das nicht. In der Fremdsprache sollte es Sie ebenfalls nicht beunruhigen.

City of Westminst

Welcome to the heart of London

☎ 01 828 8070

20 *The most expensive hotels in the world*

Christiane wird zum erstenmal London besuchen, und ihre Londoner Freundin Ann schreibt ihr einen Brief zur „Einstimmung" auf den Besuch.

Es gibt Leute, die meinen, das sei heute nichts Besonderes mehr: ein Besuch in London von einem deutschsprachigen Land aus. Ein bis zwei Flugstunden, und man ist da. Na, und die berühmten Sehenswürdigkeiten: der *Tower of London* und *Westminster Abbey, Madame Tussaud's* und das *British Museum* – was ist das schon? Man hat das doch alles bis zum Überdruß schon in Fotos und Fernsehsendungen gesehen, was soll das alles noch bringen, wenn man es nun *live* [laɪv] besucht?

Und überhaupt: England ist doch heute ein Teil Europas und gar nichts Exotisches mehr, und eine Insel ist es auch kaum noch, denn es gibt ja nun den *Chunnel* (= *Channel Tunnel*), über den man das britische Eiland notfalls zu Fuß und trockenen Fußes erreichen kann. Tatsache ist, daß London, auch abgesehen von der englischen Sprache, noch immer eines der faszinierendsten Reiseziele der Welt ist.

In der Stadt mischt sich Altes und Neues: eindrucksvolle Bauwerke und Institutionen als Zeugen einer ereignisvollen Geschichte, dann aber wieder das Neueste an Mode, Kunst, Musik und Pop. Londons Theater werden nirgends auf der Welt übertroffen, in einem Londoner Taxi, Bus oder U-Bahnzug muß man einfach mal gefahren sein. Man darf sich eben nicht nur zu den Standard-Sehenswürdigkeiten hinschleifen lassen (obwohl die eindrucksvoll genug sind!), sondern muß überall wachen Blicks wirklich hinsehen, um das Besondere wahrzunehmen.

Ein Tip: Gehen Sie nicht in das tollste Musical aller Zeiten, das gerade in einem der großen Theater zu überhöhten Preisen für die Touristen gespielt wird, sondern verbringen Sie mal einen Abend als *guest* (denn das Publikum besteht größtenteils aus *members*) im *Players' Theatre* (*under the Arches* [=unter den Brückenbögen] *at Charing Cross Station*, nicht weit vom *Trafalgar Square*). Dort lebt noch etwas von der guten alten englischen *Music Hall*, dem „Tingeltangel" der Jahrhundertwende mit witzigen (und auch anzüglichen) Songs, bei deren

Refrains das Publikum lauthals mitsingt, mit einem *chairman*, der das Publikum auf unterhaltsame Weise durch das Programm führt und vielleicht Sie persönlich zum Gegenstand eines freundlichen Witzes macht. Sie können während der Vorführungen wie in einem Pub Bier (oder sonstwas) trinken, Sie lernen Leute kennen, unterhalten sich und werden wahrscheinlich einen höchst vergnüglichen Abend verleben.

Nun aber wieder zum Sprachlichen, damit Sie fit sind, wenn Sie wirklich nach London kommen.

1. Ein Schwerpunkt dieser Lektion ist die Steigerung.

Die Sätze (1) – (4) veranschaulichen die verschiedenen Möglichkeiten. (Sie wissen ja: *Manhattan* und *Queens* sind zwei der fünf *boroughs [=Verwaltungsbezirke]* von New York City.)

---

(1) Queens is <u>larger than</u> Manhattan.
     größer als

(2) Queens is <u>the largest</u> of New York's five boroughs.
     der größte

(3) Manhattan is <u>more interesting</u> than Queens.
     interessanter als

(4) Manhattan is <u>the most interesting</u> of New York's five boroughs.
     der interessanteste

Gesteigert werden hier *large* und *interesting*.

Wann wird mit *-er/-est,* wann mit *more / most* gesteigert?

Kürzere Wörter werden mit *-er/-est* gesteigert:
large – larger – largest   = *groß – größer – größte*

Längere Wörter werden mit *more/most* gesteigert:
interesting – more interesting – most interesting = *interessant – interessanter – interessanteste*

Beim Anhängen der Endung *-er/-est* ist zu beachten:

Wegfall des stummen *-e:*
wide – wider – widest   = *breit – breiter – breiteste*
fine – finer – finest   = *fein – feiner – feinste*
nice – nicer – nicest   = *nett – netter – netteste*

Verdopplung des Endbuchstabens:
big – bigger – biggest   = *groß – größer – größte*
hot – hotter – hottest   = *heiß – heißer – heißeste*

-y wird bei bestimmten Wörtern zu *-i-:*
busy – busier – busiest   = *verkehrsreich – verkehrsreicher – verkehrsreichste*
dirty – dirtier – dirtiest   = *schmutzig – schmutziger – schmutzigste*

Unregelmäßige Steigerung:

bad – worse – worst	= schlecht – schlechter – schlechteste
	= schlimm – schlimmer – schlimmste
good – better – best	= gut – besser – beste
little – less – least	= wenig – weniger – wenigste
many – more – most	= viele – mehr – die meisten
much – more – most	= viel – mehr – meiste
far – further – furthest	= weit – weiter – weiteste

Nachfolgend nun Sätze, die vergangenen Lektionen entstammen.
Können Sie die fehlenden Steigerungsformen einsetzen?

a. Trams are _____ than buses.

b. A tram can carry even _____ people than a bus.

c. The crowds of onlookers will probably be _____ than usual because of
the good weather.

d. Dreadful morning, isn't it. – Yes, even _____ _____ than yesterday.

e. Bond Street is one of the _____ _____ streets in the world.

f. Carpenters aren't the _____ people.

g. Macy's calls itself the _____ department store in the world.

h. The Metropolitan Museum of Art is one of the world's _____ museums

and one of New York's _____ _ attractions.

2. Mitunter geben wir eine nähere Bestimmung zu einem Wort, indem wir einen Satz
anhängen, der durch *who* oder *that / which* eingeleitet ist:

(1) The man <u>who robbed us</u> was wearing a light-coloured raincoat.
   Der Mann, <u>der uns beraubte</u>, trug einen hellfarbenen Regenmantel.
(2) The shop <u>that / which sells these bags</u> is in Greenwich Village.
   Das Geschäft, <u>das diese Taschen verkauft</u>, ist in Greenwich Village.

Durch den unterstrichenen Zusatz in (1) wird *The man* näher bestimmt, der in (2) bezieht sich auf *The shop.* Durch den Zusatz wird also deutlich gemacht, um was für einen Mann bzw. was für ein Geschäft es sich handelt.

Zu beachten ist:

Who bei Bezug auf <u>Personen</u>.

That oder *which* bei Bezug auf „<u>Nicht-Personen</u>".

Die meisten der nachfolgenden Sätze werden Ihnen bekannt vorkommen. Ergänzen Sie in ihnen bitte *who, that* oder *which.*

a. Arthur Miller was one of many famous writers _____ lived at the Chelsea Hotel.

b. There has been an accident southbound _____ is causing tailbacks.

c. I'm looking for a word with seven letters _____ starts with a D and has an A in the middle.

d. The police are out to catch drivers _____ break the speed limit.

e. It seems trams are ideal for cities _____ can't afford an underground.

f. There's a woman in our house _____ knows a lot about cats.

g. There are a few things _____ stick in my mind – such as the grave of Thomas Parr in Westminster Abbey.

h. Nicholson's is a guide _____ lots of Londoners use themselves.

3. Hier ist noch einmal Anns Brief an Christiane. Versuchen Sie, die Lücken aus dem Gedächtnis zu füllen.

Dear Christiane,

So you're coming to London at _____! You ask me what it's _____, but of course it's

quite _____ to answer that question. But when you're here, I'll _____ my

best to show you _____ and help you see as much as _____.

In the _____ I'm sending you Nicholson's London Guide. They say on the

front page that it's "The most _____ guide to London". I don't know if that's

_____, but it's certainly packed with information, it's a handy _____, and it's a guide

which lots of Londoners use _____.

I was reading a book _____ London superlatives the other day. You _____ – the best

and the worst, the largest and the smallest, that _____ of thing. There are a few things that

stick in my _____ – such as the grave of Thomas Parr in Westminster Abbey _____

says: 1483–1635. "Not bloody likely," my uncle Max _____ say and he'd probably _____

right. Still, it's nice to think that a Londoner could have lived to the _____ of 152.

But London streets are _____ not record breakers: Parliament Street, the

widest in London, is _____ 40 metres wide – a good deal _____ than Unter den Linden

in Berlin. That's 60 metres, _____ it? You'll find that London's streets are much

_____ than Berlin's.

There's one superlative _____ the book doesn't mention: London's hotels are _____

the most expensive in the world. But of course, you _____ have to worry about that.

You're welcome to _____ with us as long as you like.

Let us know when and where you're _____ so we can roll out the red carpet.

_____ , Ann

Damit ist die erste Stufe Ihres Englischkurses abgeschlossen. Herzlichen Glückwunsch, wenn Sie bis hierher durchgehalten haben!

Auf dieser ersten Stufe haben Sie den für die sprachliche Bewältigung von Alltagssituationen nötigen Grundwortschatz sowie alle wichtigen Wortformen und Satzstrukturen kennengelernt. Sie haben sich eine solide sprachliche Grundlage verschafft, die Sie jetzt durch die Anwendung der Sprache bei der Begegnung mit englischsprachigen Ausländern festigen und erweitern können.

Sie können aber auch einen weiterführenden Kurs belegen und die Arbeit mit diesem Lehrwerk fortsetzen. Auf der zweiten Stufe wird der Wortschatz in zusätzlichen Situationen von Alltag, Beruf und Reise erweitert, die grammatischen Strukturen des ersten Teils werden systematisch wiederholt und vertieft, und Sie erhalten Übung im Verstehen und Formulieren von noch etwas schwierigeren Satztypen, zunehmend auch aus der Schriftsprache.

Sie lernen, Briefe zu schreiben und in weniger einfachen Sprachsituationen zurechtzukommen. Sie beschäftigen sich mit Themen, die über den bisherigen Rahmen hinausgehen, und lernen zusätzliche Bereiche der englischsprachigen Welt kennen. Sie erhalten durch die Tonaufnahmen Übung im Verstehen noch anderer Arten englischer Aussprache und schneller gesprochener Texte.

All the best!

Schlüssel zu den Übungsaufgaben

Ein Schrägstrich (/) steht vor alternativen, ebenfalls richtigen Formulierungen.
Werden im Schlüssel nur die einzusetzenden Wörter angegeben, so steht zwischen mehreren
einzusetzenden Wörtern jeweils ein Semikolon (; = Strichpunkt).
Im Schlüssel werden die folgenden Kurzformen verwendet. Statt ihrer können (besonders bei
langsamem, betonendem Sprechen) auch die Langformen stehen.

-'d = would	-'re = are	-n't = not
-'ll = will	-'s = is/has	
-'m = am	-'ve = have	

Unit 1

2. a. Hello. / Hi. / Good evening.   b. Goodbye. / Bye. / Bye-bye.   c. I'm Mark Peters / etc.
d. Welcome to this English class.   e. Come on in.   f. You can get the/your (English) book /
You can get it at most bookshops.   g. Write your first name on a piece of paper, please. /
Please write your first name on a piece of paper.   h. Place it in front of you, please (– like this).

3. a. Where are you from?   b. (Excuse me,) Is this the English class?   c. Is this your English book?

4. I'm Mark Peters. I'm Sandra Martin. I'm Angela Carter. I'm your English teacher. I'm from Dresden.
I'm = I am = *ich bin*

7. Good evening, ladies and <u>gentlemen</u>. Welcome to this English <u>class</u>. You can get the book at most
<u>bookshops</u>. Please write your name on a piece of <u>paper</u>. Bye-bye. See you next <u>week</u> / Tuesday.

<u>Die Wochentage</u>	Thursday ['θɜːzdeɪ] *Donnerstag*
Montag ['mʌndeɪ] *Monday*	Friday ['fraɪdeɪ] *Freitag*
Tuesday ['tjuːzdeɪ] *Dienstag*	Saturday ['sætədeɪ] *Samstag*
Wednesday ['wenzdeɪ] *Mittwoch*	Sunday ['sʌndeɪ] *Sonntag*

Unit 2

2. where's = where is = *wo ist*
I've   = I have   = *ich habe*
you're   = you are   = *du bist / Sie sind / ihr seid*
there's = there is = *da ist / es ist*
what's   = what is   = *was ist*

3. (I'm) Fine, thanks. / (I'm) Very well, thank you.

4. Thank you. / Thanks.

8. a. on   b. but   c. to   d. there   e. where   f. next/on   g. at   h. on   i. of

9. a. Let's shut the window.   b. Let's write it on a piece of paper.

10. There's a bookshop in Bahnhofstraße. = Es ist eine Buchhandlung in der Bahnhofstraße. = In der
Bahnhofstraße ist eine Buchhandlung. There's a pen in front of you. = „Es ist ein Kugelschreiber /
Kuli / Stift vor dir." / Vor dir liegt ja ein Kugelschreiber. There's a crossword on page 15. = Es ist ein
Kreuzworträtsel auf Seite 15. / Auf Seite 15 ist ein Kreuzworträtsel.

11. a. How are you?   b. Nice to see you again.   c. Where's the book? – I've no idea.   d. What's your name?   e. There's a seat over there.   f. Have you got a ring binder?   g. I've got a notebook. h. Shall we do the crossword?

Unit 3

3. a. in   b. between   c. off   d. in/on Shaftesbury Avenue, on the corner of Rupert Street e. (just) off   f. at   g. on; in front of   h. to (*nicht* in!)   i. on

5. Sixty pounds <u>a</u> night? Hmm. You <u>say</u> the hotel is in the West End?
Yes, just off Piccadilly Circus in <u>fact</u>. Here's a <u>map</u>. Look.
This is Piccadilly Circus, the hotel is <u>here</u>, between Glasshouse Street and Sherwood Street.
The tube station is <u>just</u> yards away.
Okay then. It's very central <u>anyway</u>.
Yes, it's <u>right</u> in the heart of the West End.

6. The hotel is right in the heart <u>of the West End</u> / in the heart of <u>London</u>. In fact, it's just <u>off Piccadilly Circus</u>. It's between Glasshouse Street <u>and Sherwood Street</u>. The tube station is just <u>yards away</u>. You can have a room for <u>sixty pounds a night</u>.

7. a. Where's the Globe Theatre?   b. How much is the hotel?   c. Have you got a pen?   d. What's your name?   e. How are you?   f. Where's the crossword?   g. Where are you from?

8. a. Where's the restaurant?   b. How much is the hotel?   c. I've no idea.   d. It's very central anyway. e. Where are you from?   f. There's a seat over there.   g. How are you?

Unit 4

2. Marion Wagner is from Germany. She's German.
Fernando Herrero is from Spain. He's Spanish.
Laura Torino is from Italy. She's Italian.
Pierre Lafontaine is from France. He's French.

3. **In the burger bar**
Are you English?
No, I'm Irish. I'm <u>from</u> Dublin. Where are you from <u>then</u>?
Germany.
Oh, <u>you're</u> German. Your English is very good. – My <u>boyfriend</u> is from Hamburg.
Oh, is he? <u>I'm</u> from Berlin.
Are you here <u>on</u> holiday?
Yeah, I'm with a friend. She's a stewardess <u>with</u> British Airways. – Are you on holiday <u>too</u>?
No, I'm a tour guide on that sightseeing bus out <u>there</u>. It's <u>just</u> a summer job. The money isn't <u>all</u> that good, but it's interesting <u>work</u>. – Well, it's time for <u>my</u> next tour. Nice <u>meeting</u> you, have a good <u>time</u> in London!
Thank you. Goodbye!
<u>See</u> you!

5. a. No, I'm German. / No, I'm not.   b. I'm from Berlin / Hamburg / Leipzig / etc.   c. No, he's British / English. / No, he isn't.   d. No, she's from the Irish Republic. / No, she isn't.   e. No, it's in Switzerland. / No, it isn't.   f. No, he's Spanish. / No, he isn't.   g. No, he's from France. / No, he isn't.   h. She's from Germany.

6. a. for   b. on; from   c. with   d. on

7. a. Where are you from?   b. Are you here on holiday?   c. Your English is very good.
d. The money isn't all that good.   e. Have a good time in London.

Unit 5

1. a. The towels are …   b. The cassette players are …   c. The sweaters are …   d. The meetings
are …   e. The buses are …   f. These pens are …   g. How much are these bath towels?

2. a. It's one hundred per cent cotton. – They're one …   b. It's cheap. – They're cheap.   c. It's
available … – They're available …   d. It's interesting. – They're interesting.   e. It's new. – They're
new.   f. It's nice. – They're nice.   g. How much is it? – How much are they?

3. a. The scarf is lovely.   b. The jeans are great.   c. This book is interesting.   d. The hotels are
expensive here.   e. The socks are 100 % cotton.   f. The theatre is in Shaftesbury Avenue.

7. a. How much is the cassette player? – It's thirty-nine pounds fifty.   b. How much is the sightseeing
tour? – It's twelve dollars fifty.   c. How much are the blue jeans? – They're twenty-eight pounds
seventy-five.   d. How much are the shorts? – They're forty-nine dollars ninety-five.   e. How much
are the white socks? – They're eight marks ninety.   f. How much is the cassette? – It's twenty-four
schillings.   g. How much is the ring binder? – It's four pounds ninety-nine.   h. How much is the
red sweater? – It's forty-nine francs eighty.

Unit 6

2. a. Do you often have breakfast in bed?   b. Do you often go for a swim?   c. Do you often do crosswords?   d. Do you often speak French?   e. Do you often go to the theatre?   f. Do you often cook
for yourself?   g. Do you often have dinner at the New World Restaurant?   h. Do you often go to the
Red Lion Pub?

3. a. I sometimes have a lie-in.   b. I usually do my English homework …   c. We often go for a swim.
d. I never read [riːd] the evening paper.   e. We sometimes go there before breakfast.   f. I often sit
down for a good read.   g. We always have lunch at home.   h. We usually have a meeting on
Tuesday.

4. a. I don't like the hotel.   b. We don't go there very often.   c. The colours aren't very nice.
d. I don't speak Spanish.   e. They aren't cheap. / They're not cheap.   f. His English isn't very good.
g. They haven't (got) a common language. (*Die Form mit* got *ist geläufiger.*)   h. I don't wear jeans.
i. I'm not the teacher.   j. I don't know them.

5. A day off work
Gloria Martin, you're a popular TV presenter and most of us <u>know</u> what you do in the studio. What
do you do on your days off?
Oh, first of all I <u>have</u> a lie-in.
Uh-huh, and then – <u>do</u> you have breakfast in bed?
No, I never have breakfast in bed – I <u>don't</u> like the crumbs.
But what I like to do when I get up is <u>go</u> for a swim. There's an indoor pool near where I <u>live</u>, and I
go there quite <u>often</u> when I have time off.
Before breakfast?

Oh yes. That way I <u>work</u> up a good appetite. On my way back I <u>get</u> the morning papers, and then I <u>make</u> coffee and sit down for breakfast and a good read.
<u>Do</u> you cook for yourself?
No, I don't. I'm a hopeless cook, so lunch at home is <u>usually</u> a quick sandwich or beans on toast. I often <u>have</u> dinner with friends – either at a restaurant or at someone's house.

6. a. on   b. for   c. up   d. On   e. for   f. at; on   g. at

7. a. She's a terrific woman. / She's great.   b. How much is the / a cassette? / What's the price of a cassette?   c. Sandra, can you lend me twenty pounds?   d. I like to have a lie-in.   e. I often do my English homework in bed.   f. There's an indoor swimming pool near where I live.

Unit 7

1. a. She always reads …   b. Does he know …   c. She often has dinner …   d. What qualities do newsreaders need?   e. Does Sandra play tennis?   f. Gloria has a very clear voice.   g. You never answer …   h. They live in London.   i. Do your fellow students know that?

2. a. a German city; an Austrian city   b. an agent; a studio   c. a Spanish teacher; an English teacher   d. a cheap hotel; an expensive hotel   e. an Irish girl; a Swiss girl   f. an offer; a special offer   g. a US company; a European company; a big company

4. a. (*Hier wird das -s jeweils [z] gesprochen:*) He <u>reads</u> the news … He <u>sings</u> in a choir. He <u>plays</u> tennis.   b. (*Hier wird das -s jeweils [s] gesprochen:*) He <u>works</u> in London. He <u>likes</u> to cook. He <u>speaks</u> three languages.   c. (*Hier ist die Endung -es [ɪz]:*) He <u>watches</u> football and tennis on TV.

5. a. What do you do?   b. How old are you?   c. Do you have a family? / Have you got a family?   d. Where do you live?   e. Do you play football?   f. Do you have / Have you got a sense of humour?   g. How do you feel before going on the air?

6. a. Alan has / Alan's got (= Alan has got) an interesting job: he's a newsreader.   b. He reads the news on the radio.   c. A newsreader needs a clear voice.   d. A good feeling for the language is important too.   e. He's always nervous before going on the air.   f. But the nervousness goes when he says / the moment he says: "Good evening, ladies and gentlemen. Here is the news."

Unit 8

1.
> I'm in London now. My <u>address</u> is: Stamford Brook Hotel, 14 Stamford Brook Avenue, London W6. It's a bed and breakfast – very nice place, not <u>expensive</u>: £80 a week, including an English <u>breakfast</u>. The hotel is a minute's <u>walk</u> from Stamford Brook underground – that's on the District <u>Line</u>, 20 minutes <u>from</u> Piccadilly Circus. I've <u>got</u> a comfortable room with central heating and hot and cold water. <u>There's</u> a bathroom and toilet on the same floor. I sometimes <u>watch</u> television in the lounge downstairs.

2. £   = very cheap
££   = (quite) cheap
£££   = not very cheap / (quite) expensive
££££ = very expensive

3. a. isn't he?   b. isn't he?   c. isn't she?   d. isn't she?   e. isn't it?   f. isn't it?   g. isn't it?   h. aren't you?   i. aren't they?   j. aren't they?   k. aren't you?

4. a. [dʌblju: ˈsɪks] b. one minute c. twenty minutes d. thirty-eight pounds e. oh seven one, six three oh, four two five oh f. Platform five g. one / a hundred and forty-five pounds h. one / a hundred and nineteen pounds ninety-nine i. a / one hundred and twenty-four Shaftesbury Avenue, [dʌblju: ˈwʌn] j. page a / one hundred

5. a. The room isn't very nice. b. She isn't / She's not English. c. The sweaters aren't / are not expensive. d. They aren't / They're not at home. e. I haven't got a ring binder. f. I don't like the man. g. She doesn't like to cook. h. We don't often go to the theatre. i. You can't wear shorts here. j. I don't think he plays tennis.

6. a. Do you have / Have you got any rooms available at the moment? b. What's the room like? c. What does the room cost? / How much is the room? d. How do I get to Stamford Brook, please? e. What's the travelling time from Piccadilly Circus? f. What's / Where's the nearest tube / underground station? g. Which platform for Piccadilly Circus, please?

7. a. Do you have / Have you got any rooms available at the moment? b. How much does the room cost? / How much is the room? c. That's including breakfast, isn't it? d. You're in Hammersmith, aren't you? e. Shall I give you my address? f. How do I get to Stamford Brook? g. Where do I change?

Unit 9

1. He isn't feeling at all well.
He's coat is looking rather dull.
He's losing hair by the handful.
He's getting nasty scabs all over.
He isn't eating properly.
He's scratching himself all the time.

3. a. We're all doing fine. b. Our work is coming along well. c. We're no longer working (on) Saturdays. d. The work on our house is going very slowly. e. Fletcher isn't feeling at all well. f. We're giving him pills and hoping for the best.

4. a. yourself b. ourselves c. yourself d. herself e. himself f. herself

5. a. His coat is looking rather dull, isn't it? b. It's some kind of allergy, isn't it? c. You're worried about Fletcher, aren't you? d. The pills are for the allergy, aren't they? e. The carpenter is reliable, isn't he? f. The work is going very slowly, isn't it? g. Things are rather cramped at the moment, aren't they? h. Sarah is taking piano lessons, isn't she?

6. a. to do b. to come c. to have d. to answer e. to see f. to watch

7. a. trouble b. afraid c. rather d. nasty e. properly f. little g. suspect/think

8. a. newsy b. well c. busy d. slowly e. reliable f. cramped g. gine

9. a. She isn't feeling at all well. b. Is she eating properly? c. She's eating very little. d. We're no longer working (on) Saturdays. e. We're doing our best. f. Fletcher is ill, and we're giving him pills.

Unit 10

1. a. looked; scratched; suspected b. wanted; arrived; enjoyed c. watched; played; cooked

2. <u>Did</u> you have a good flight, Clive?
Yes, but I <u>slept</u> very little. I <u>got up</u> at half past four this morning.
<u>Did</u> you come by plane too, Christine?

94

No, I <u>took</u> the InterCity this time.
<u>Was</u> it a good idea to go by train?
Yes, it <u>was</u> an extremely pleasant trip all round.

4. a. at (a) quarter to five   b. At half past five   c. at ten past six   d. At twenty past six   e. At twenty-five to seven   f. At seven o'clock   g. Quarter past seven   h. Twenty-six minutes past eight

5. 7.25 a.m.; 11.05 a.m.; 12.52 p.m.; 6.41 p.m.; 10.15 p.m.; 10.25 a.m.; 3.08 p.m.; 8.30 p.m.; 12.08 a.m.

6. a. Which London station do trains for Glasgow leave from?   b. What's the travelling time London-Glasgow?   c. Is there a sleeper on this train?/Does this train have a sleeper?   d. Did you have a good flight?   e. I arrived on the dot.   f. Maybe you should try/take the InterCity next time.

Unit 11

1. a. Excuse me, can you tell me how to get to the station, please?/Excuse me, could you tell me the way to the station, please?/Excuse me, how do I get to the station, please?   b. Go down this road.   c. Take the third (street) on the right.   d. Is it very far?   e. It's about five minutes' walk.   f. Thanks very much./Thank you very much.

2. a. entered   b. was   c. pointed   d. handed; asked   e. hesitated   f. said   g. filled   h. walked; disappeared

3. (*Unregelmäßig sind:*) was, said.

4. A robber <u>got</u> away with a carrier bag full of jewellery from Howard Goodwin, the Bond Street jewellers, yesterday.
The well-dressed man entered the shop at <u>about</u> 3.30pm. He pointed a gun <u>at</u> an assistant, handed him a Harrods carrier bag and asked him to fill it with jewellery from <u>inside</u> the shop and from the windows.
When the assistant hesitated, the man said <u>in</u> a soft voice: "I <u>would</u> hate to use this gun on you, so please hurry up."
A Goodwin spokesman said later: "<u>Among</u> the pieces was a diamond necklace worth £500,000. We very much <u>regret</u> its loss."
Detective Chief Inspector Peter Turnbull said: "The man <u>spent</u> about five minutes in the shop, then he walked out into Old Bond Street and <u>disappeared</u> into the crowd. He was aged <u>between</u> 25 and 35 and was wearing a light-coloured Burberry raincoat."

5. a. I asked him yesterday.   b. She arrived yesterday.   c. He took the InterCity yesterday.   d. We got up at half past four yesterday.   e. We played tennis yesterday.   f. She cooked us a good dinner yesterday.

Unit 12

1. a. Let's go to the theatre for a change. / Why don't we go to the theatre for a change?/ How about going to the theatre for a change?   b. Let's have dinner at a restaurant. / Let's go out to dinner. / Why don't we have dinner at a restaurant?/ Why don't we go out to dinner?/ How about dinner at a restaurant?   c. Let's take the tube/the underground from Green Park. / Why don't we take the tube/the underground from Green Park?   d. Let's buy/get a (news)paper. / Why don't we buy/get a (news)paper?   e. Let's get some fresh air. / Why don't we get some fresh air?

2. a. (Yes,) That's a good / great / wonderful idea.   b. (No,) I'm not sure I want to go to the theatre. / (No,) I don't want to go to the theatre.

3. I <u>left</u> the Odeon Leicester Square at about three o'clock and <u>walked</u> along Coventry Street to Piccadilly Circus, where I <u>went</u> down into the tube station and up again the other side. I <u>bought</u> a copy of the Evening Standard outside Tower Records and then <u>walked</u> along the north side of Piccadilly as far as Green Park tube station, where I <u>caught</u> a train home – Piccadilly Line to Acton Town. On my way to Green Park station I <u>did</u> not turn into Bond Street, and I never <u>entered</u> the shop of Howard Goodwin, the jewellers.

4. Bond Street – that's a street off Piccadilly. There are many expensive shops in Bond Street, in fact it's one of the most expensive shopping streets in the world.
Green Park – that's a park in London. It's also the name of a tube station.
Acton Town – that's a tube station in West London, on the Piccadilly and District lines.
Odeon Leicester Square – that's a cinema in /at /on Leicester Square.
Coventry Street – that's the street between Piccadilly Circus and Leicester Square.
Evening Standard – that's a London evening paper.
Howard Goodwin – that's a jeweller /a jewellery shop in Bond Street.

5. a. What time did you leave the Odeon cinema?   b. Where did you go from Leicester Square?
c. Did you go down into the tube /underground station?   d. Which exit did you take?   e. Which (news)paper did you buy?   f. Why did you go to Green Park (tube /underground) station?   g. Why didn't you take the tube /underground from Piccadilly Circus?   h. Did you go/turn into Bond Street too? / Did you also go /turn into Bond Street?

6. a. No, I didn't walk along Coventry Street.   b. No, I didn't go down into the tube station.   c. No, I didn't buy the Evening Standard.   d. No, I didn't take the exit on the north side.   e. No, I wasn't in Bond Street.   f. No, I didn't go into Howard Goodwin's.   g. No, I wasn't wearing a raincoat. h. No, I didn't have a Harrods bag with me.

7. a. I want to see *Boy Meets Girl* at the Odeon.   b. He wants to buy some cassettes.   c. Do you want to read [riːd] the (news)paper?   d. She wanted to show me a photo of you.   e. Why did he want to hide the stuff?

8. a. Why didn't you <u>go by underground</u>?   b. <u>Why don't we</u> go to the cinema for a change? c. That's a <u>good /great /terrific</u> idea.   d. ... <u>I took</u> a train home.   e. The man <u>went into</u> a jeweller's shop.   f. Can you tell me <u>the way</u> to the station?   g. It was <u>a very nice</u> trip.   h. She <u>lives near</u> Euston Station.   i. I got up at <u>four thirty</u> this morning.   j. Amanda is <u>very well</u>.

Unit 13

1. a. We're going on a club outing on Saturday.   b. We're staying at home over the holidays.   c. We're having a party tomorrow night.   d. What are you doing on Monday?   e. I'm meeting Kathryn on Tuesday.   f. Carol is leaving at 9 p.m. on Sunday.   g. She's arriving at 9 a.m. on Monday.

2. Queens Auto Service, Carol <u>speaking</u>.
Hello, Carol. Danny <u>here</u>.
Hi! <u>How</u> are you?
Fine, <u>thanks /thank you</u>. And you?
We're <u>getting</u> pretty excited about our trip.
I'm sure you are. When are you <u>leaving</u>?
At 9pm on Sunday – British Airways <u>from</u> JFK.
And what time are you getting <u>into</u> Heathrow?
About 9am <u>on</u> Monday.
Good. What are you <u>doing</u> on Monday?
Not much. Some sightseeing, maybe a show in the evening – <u>if</u> we're not too tired.
And Tuesday you're <u>meeting</u> Kathryn, aren't you?

Yes, we're going to Brighton for the day. Kathryn's <u>joining</u> us for dinner.
Great. And of <u>course</u> we're meeting on Wednesday.
Yes, isn't it <u>terrific / wonderful / great</u>?
I'm arriving about 8am, so I should <u>be</u> at the hotel around 9.30.
Wonderful. We're looking <u>forward</u> to it.
<u>Me</u> too. See you then.
<u>See</u> you on Wednesday.
Bye-bye!

3. b. When are they leaving?   c. What airline are they flying?   d. What time are they getting into Heathrow?   e. When are they meeting Kathryn?   f. What time is Danny arriving?

4. a. my   b. her   c. your   d. his   e. our   f. its   g. their   h. her   i. your   j. our   k. your   l. their   m. his

Unit 14 _____

1. a. A room will be available. = *Ein Raum wird verfügbar sein / zur Verfügung stehen.*   b. He should be at the hotel. = *Er müßte (eigentlich) im Hotel sein.*   c. The crowds will be lighter than usual. = *Die Menschenmengen werden geringer als gewöhnlich sein.*   d. They can't be in Glasgow. = *Sie können nicht in Glasgow sein.*   e. The north will probably be dry. = *Der Norden wird wahrscheinlich trocken / niederschlagsfrei sein.*   f. She should be about 30 years old. = *Sie müßte / dürfte etwa 30 Jahre alt sein.*   g. I want to be alone. = *Ich will / möchte allein sein.*

2. a. The weather will be very warm tomorrow.   b. There'll / There will be a few sunny intervals tomorrow. c. Scotland will have some showers tomorrow.   d. Tomorrow the day will start cloudy, humid and warm.   e. Temperatures will be around 90 degrees tomorrow.   f. Tomorrow it'll / it will be rainy, but there'll / there will be some sunny intervals.   g. Most places will have a dry, rather cold day tomorrow.

3. a. The crowds of onlookers may be lighter this year. = *Die Zuschauermengen können dieses Jahr geringer sein. / Es kann sein, daß die Zuschauermengen dieses Jahr dünner ausfallen.*   b. We may get a little light rain. = *Vielleicht bekommen wir ein bißchen leichten Regen.*   c. There may be some showers later. = *Später kann es einige Schauer geben / zu Schauern kommen.*   d. Tomorrow may be even worse than yesterday. = *Morgen wird es vielleicht noch schlimmer als gestern.*   e. I may go by InterCity next time. = *Nächstes Mal fahre ich vielleicht mit dem Intercity.*

4. With the <u>promise</u> of near-perfect weather for Labor Day weekend, New Yorkers yesterday <u>headed / went</u> to the seashore, the lakes and the mountains for the unofficial end of summer.
<u>According</u> to the National Weather Service <u>there</u> will be hazy sunshine today, with "very warm and humid" weather, and high temperatures <u>around</u> 90 degrees. On Labor Day it will be <u>partly</u> sunny, hot and humid.
Tomorrow, the <u>annual</u> Labor Day Parade will <u>head</u> up Fifth Ave. from 44th St. to 72nd St., with the reviewing stand in front of Central Park <u>at</u> 67th St.
The <u>crowds</u> of onlookers will probably be lighter <u>than</u> usual because of the good weather, but most New York politicians will be on <u>hand</u> – at least <u>while</u> the cameras are in action.

5. wonderful – terrible, evening – morning, better – worse, warm – cold / cool, hot – cold, sunny – rainy, rainy – sunny / dry, southern – northern, the beginning – the end, high – low, up – down, official – unofficial

7. a. I'm looking forward to the weekend.   b. I'm meeting Kathryn on Tuesday.   c. I'll be at the hotel around 7.30 p.m. / at about 7.30 p.m.   d. I'll probably visit some friends.   e. I mustn't forget to pack my raincoat. f. What does the weather forecast say?   g. What'll / What will the weather be like tomorrow?   h. What's Carol doing tomorrow?   i. Is New Year's Day a legal (*AE*) / public (*BE*) holiday in this country?

1. a. Maybe I'll see the Labor Day parade.   b. I think I'll have a look round Macy's.   c. Perhaps we'll take a boat ride round Manhattan Island.   d. I think I'll have a steak.   e. I guess we'll spend all our money in New York.   f. My parents will probably stay at home.

2. a. I'm going to take a boat ride (a)round Manhattan Island.   b. I'm going to see the Statue of Liberty.   c. I'm going to buy some books at Doubleday's.   d. I'm going to have / eat a steak at Frank's Restaurant.   e. I'm going to stay at the Chelsea Hotel.

3. Chelsea Hotel
222 W. 23rd Street,
between Seventh and Eighth Avenues.
Built in 1884, a hotel since 1905, with its beautiful exterior a National Historic Landmark since 1978.
Large, soundproof rooms, in which many creative people stayed, lived, and occasionally died.

5. Hi, folks, are you from out of town?
Yeah, we're from London, Ohio. How did you guess?
Oh, I saw you strolling down the avenue looking at the buildings.
You New Yorkers are pretty sharp, right? / aren't you?
Well, I guess we are. Actually, I'm a reporter.
Gee, she's a reporter!
Yes, for the Daily News.
We'll have to watch what we say, Erica, or else we'll end up in the gossip columns.
"Out-of-towners live it up in Big A". But all kidding aside. When did you get in – today?
No, at 12:30 a.m. yesterday. Greyhound from Columbus.
We're leaving Monday at 6 a.m.
So you won't see the parade?
No, we're just doing the sights. This morning, we saw Rockefeller Center, and right now we're on our way to Macy's – we're going to spend all our money there.
How d'you like the Big Apple?
It's great, no kidding. So many things to see and do.
Later on, we're going to eat a lot of good food – we'll either go to Chinatown or Greenwich Village.
Well, have a good time on the town. And give my love to London, Ohio!
Oh, we sure will. Have a good day.

6. a. This flight won't get you to Glasgow in time for your meeting. = *Dieser Flug wird Sie nicht rechtzeitig zu Ihrer Sitzung nach Glasgow bringen. / Mit diesem Flug kommen Sie nicht rechtzeitig zu Ihrer Sitzung nach Glasgow.*   b. I won't take the InterCity this time. = *Ich werde diesmal nicht den Intercity nehmen.*   c. They won't be in New York on Labor Day. = *Am Labor Day (Tag der Arbeit) werden sie nicht in New York sein.*   d. You won't have to cook for yourself. = *Du wirst nicht selber kochen müssen.*

7. a. Macy's calls itself the biggest department store in the world.   b. Cheryl is a reporter for / with / on the Daily News.   c. We're going to have dinner / We're having dinner / We'll have dinner at Frank's.   d. We'll probably have dinner at Frank's.   e. So you won't see / So you're not going to see the parade?   f. We'll either go to Chinatown or to Greenwich Village. / We're either going to Chinatown or to Greenwich Village. / We're going to go either to Chinatown or to Greenwich Village.

8. a. I wanted to get some fresh air.   b. I wanted to take a look at the shops.   c. I didn't want to arrive late.   d. I'm not sure I want to go to the theatre.

Unit 16

1. On the A10 Great Cambridge Road in Lower Edmonton, at the junction with Church Street, there has <u>been</u> an accident southbound which is causing tailbacks.
Tailbacks everywhere, it's the same every rush hour.
The roads have <u>become</u> so crowded you can hardly get across at all any more.
They haven't <u>built</u> enough new roads – is that what you're saying?
On the contrary. They've built too many roads already. They haven't <u>improved</u> public transport enough – that's the real problem.
I've <u>read</u> [red] that one bus can carry as many people as 60 cars.
Exactly. But then, a tram can carry even more people than a bus.
Some cities have <u>brought</u> them back – I rather like the idea.

2. a. There's (= There has) been an accident.   b. The accident has caused a tailback.   c. They haven't built enough new roads.   d. They've improved public transport.   e. I've read [red] an article about trams.   f. Some cities have brought them back.

3. a. I've discussed it with Amanda. b. I've already seen that film. / I've seen that film already.   c. I've read [red] your letter carefully.   d. We've always wanted a cat.   e. They've built a new hotel on 23rd Street.   f. We've never stayed at the Chelsea Hotel.

4. a. I asked her last time.   b. We packed our bags yesterday.   c. Your letter arrived yesterday.   d. The new English course started last week.   e. They built a new road last year.   f. I read [red] an interesting article about trams yesterday   g I saw that film last year.   h. There was an accident yesterday.

5. a. A tram can carry <u>more</u> people <u>than</u> a bus.   b. A tram uses <u>less</u> energy <u>than</u> a bus.   c. The tube is <u>faster than</u> a taxi.   d. New York is <u>larger / bigger / more interesting than</u> London, Ohio.   e. Macy's in New York is <u>bigger than</u> the Kaufhof in Düsseldorf.   f. The Chelsea Hotel is <u>cheaper / smaller / more interesting than</u> the Hilton.   g. The weather in Italy is <u>warmer than</u> it is in Scotland.   h. The plane is <u>faster / more expensive / less expensive / more comfortable than</u> the train.   i. A bed and breakfast in Hammersmith is <u>cheaper / less comfortable / more interesting than</u> a big hotel in the West End.

Unit 17

1. a. I've got / I have a very nice room.   b. I haven't got / I don't have a credit card.   c. I don't want to have breakfast in bed.   d. You can have a room at the Regent Palace.   e. The room doesn't have / hasn't got a bath.   f. We haven't got / We don't have any single rooms left / available.   g. I've no idea / I've got no idea where she is.

2. a. Have you got / Do you have a room for two nights?   b. Does it have / Has it got a bath?
c. Haven't you got / Don't you have a room at the back?   d. Did you have a good flight?
e. Where do you usually have lunch?   f. Have you got / Do you have a sense of humour?

5. a. on; for   b. through   c. at; for   d. on; at   e. at; from   f. about   g. to

6. Alan Grant stayed at the Coventry Hotel <u>for two nights</u>. He arrived on the <u>twenty-third of July / on July the twenty-third</u>. He checked out <u>on the twenty-fifth of July /</u> on July the <u>twenty-fifth</u>. His room number <u>was 405 (= four oh five)</u>. He paid <u>by credit card</u>.

Unit 18

1. a. I've been reading the Evening Standard for at least ten years.   b. Sarah has been taking piano lessons for about six months.   c. He's been singing in the choir for nearly twenty years.   d. We've been giving him these pills for ten days.   e. Fletcher hasn't been eating properly for a week.

f. Angela Carter has been our English teacher for about a year.   g. Mark has been Nicole's boyfriend for about six months.   h. Carol has been ill for two weeks.   i. I've had this bicycle for 20 years.

2.   a. Laura Torino has been working for DataTex for XX years.   b. Frank and Doris have been married for XX years.   c. Mrs Davis has been shopping at Macy's for XX years.   d. London has had an underground railway for XX years.   e. I've been learning English for XX years.   f. Labor Day has been a holiday in the United States for XX years.   g. The Taylors have been living in Glasgow for XX years.   h. Marilyn Monroe has been dead for XX years.   i. The artist has been staying at the Chelsea Hotel for XX months.

4.   The German Consulate, Park Avenue, please. Do you <u>know</u> where it is?
Yeah, at East 57th Street, no <u>problem</u>.
Slow down a bit, <u>will you</u> – that's the Chelsea Hotel over there. <u>Just</u> let me get a look at it.
You know the <u>place</u>?
No, I don't <u>actually</u>, but I've heard about it. A lot of famous <u>people</u> have stayed there. Musicians, artists …
And writers too. I once <u>dropped</u> Arthur Miller <u>off</u> at the Chelsea.
Did you <u>really</u>?
Sure. It was late at night. He was coming from the theatre, I <u>guess</u>. We didn't talk and I didn't ask him <u>for</u> his autograph.
How many years <u>have</u> you <u>been</u> driving?
<u>Nearly</u> twenty-five years.
That's a <u>long</u> time.
It <u>sure</u> is. I always wanted to quit and do something <u>else</u>, but <u>somehow</u> it never worked out. Maybe if I win the lottery or <u>something</u>.
You <u>don't</u> like driving?
Who <u>does</u>? You're <u>either</u> waiting or you're <u>stuck</u> in traffic. A lot of the time it just <u>bores</u> you stiff.
What would you like to do <u>instead</u>?
I've always wanted to <u>be</u> a writer. For 24 years <u>I have been / I've been</u> driving people around this crazy city. That gives you a <u>lot</u> of stuff to write about.

5.   a. How long have you had this computer?   b. She's been / She has been a teacher for 20 years.
c. He's been / He has been ill for months.   d. How long have you been learning English?
e. She's been / She has been living in a hotel for years.   f. That man has been standing there for an hour.   g. The boy has been watching television / TV for hours.

Unit 19

1.   a. The room was booked through a travel agent. = Das Zimmer wurde über ein Reisebüro gebucht.
b. The Chelsea Hotel was built in 1884. = Das Chelsea Hotel wurde 1884 gebaut.   c. Trams were brought back in 1988. = <Die> Straßenbahnen wurden 1988 wiedereingeführt.   d. A Bond Street jeweller was robbed yesterday. = Ein Juwelier in der Bond Street wurde gestern beraubt.   e. The robber was caught the next day. = Der Räuber wurde am nächsten/darauffolgenden Tag gefaßt.
f. He was taken away in handcuffs. = Er wurde in Handschellen abgeführt.   g. The tailback was caused by an accident. = Der (Rück-)Stau wurde durch einen Unfall verursacht.   h. The news was read [red] by Alan Bedford. = Die Nachrichten wurden von Alan Bedford gelesen.

2.   a. Yes, he was arrested and taken away in handcuffs.   b. He was stopped.   c. He was asked to pay for the grapes immediately.   d. When Joe refused, the police were called.   e. He was handcuffed.   f. He was taken to jail like a criminal.   g. Later he was released on bail.

3. a. Thousands of people are arrested every day.   b. Thousands of suspects are released on bail every month.   c. Thousands of new roads are built every year.   d. Thousands of dollars are won in the lottery every week.

4. Police <u>arrested</u> a man in a Miami supermarket yesterday. The charge: petty theft and <u>resisting</u> arrest without violence.
Joe Cline, 55, a plumber, was <u>shopping</u> with his wife, Louise. They had about $30 of <u>groceries</u> in their basket when Cline broke the plastic wrapper on a $2.45 package of grapes and <u>put</u> a few in his mouth.
When a store security guard <u>approached</u> them, Cline said they were going to pay for the grapes with the other groceries at the checkout <u>counter</u>.
The security guard <u>asked</u> Cline to pay for the grapes immediately, but Cline <u>refused</u>. When police arrived, he <u>refused</u> to go with them. He was handcuffed and <u>taken</u> to Dade County Jail, where he was booked and later <u>released</u> on $1,000 bail.

5. a. a couple of   b. approached   c. refused   d. the lot   e. along   f. We've (just) got to   g. We've got   h. arrested   i. break

6. a. We've just got to have more police – that's what I always say.   b. (I think) We've got enough police already, and they arrest people for eating grapes in a store / people when they eat grapes in a store.   c. You won't believe it – Joe was arrested and taken away in handcuffs.   d. Just for eating grapes? / Just because he ate grapes?   e. He just ate a couple of / a few grapes.   f. Well, you're not allowed to do that (, of course).   g. They actually arrested him?   h. Yes – incredible, isn't it?

Unit 20

1. a. faster   b. more   c. lighter   d. worse   e. most expensive   f. most reliable   g. biggest
h. finest; greatest

2. a. who   b. which / that   c. that / which   d. who   e. that / which   f. who   g. that / which   h. that / which

3. Dear Christiane,
So you're coming to London at <u>last</u>! You ask me what it's <u>like</u>, but of course it's quite <u>impossible</u> to answer that question. But when you're here, I'll <u>do</u> my best to show you <u>round</u> and help you see as much as <u>possible</u>.
In the <u>meantime</u> I'm sending you Nicholson's London Guide. They say on the front page that it's "The most <u>comprehensive</u> guide to London". I don't know if that's <u>true</u>, but it's certainly packed with information, it's a handy <u>size</u>, and it's a guide which lots of Londoners use <u>themselves</u>.
I was reading a book <u>about</u> London superlatives the other day. You <u>know</u> – the best and the worst, the largest and the smallest, that <u>sort</u> of thing. There are a few things that stick in my <u>mind</u> – such as the grave of Thomas Parr in Westminster Abbey <u>which</u> says: 1483 – 1635. „Not bloody likely," my uncle Max <u>would</u> say and he'd probably <u>be</u> right. Still, it's nice to think that a Londoner could have lived to the <u>age</u> of 152.
But London streets are <u>certainly</u> not record breakers: Parliament Street, the widest in London, is only 40 metres wide – a good deal <u>less</u> than Unter den Linden in Berlin. That's 60 metres, <u>isn't</u> it? You'll find that London's streets are much <u>narrower</u> than Berlin's.
There's one superlative <u>that / which</u> the book doesn't mention: London's hotels are <u>among</u> the most expensive in the world. But of course, you <u>won't</u> have to worry about that. You're welcome to <u>stay</u> with us as long as you like.
Let us know when and where you're <u>arriving</u> so we can roll out the red carpet.
Love, Ann

Unregelmäßige Verben

am – was – been	bin – war – gewesen
are – were – been	bist – warst – gewesen
be – was / were – been	sein – war / waren – gewesen
become – became – become	werden – wurde – geworden
begin – began – begun	beginnen – begann – begonnen
break – broke – broken	brechen – brach – gebrochen
bring – brought – brought	bringen – brachte – gebracht
build – built – built	bauen – baute – gebaut
buy – bought – bought	kaufen – kaufte – gekauft
catch – caught – caught	fangen – fing – gefangen
choose – chose – chosen	wählen – wählte – gewählt
come – came – come	kommen – kam – gekommen
cost – cost – cost	kosten – kostete – gekostet
do – did – done	tun – tat – getan
drink – drank – drunk	trinken – trank – getrunken
drive – drove – driven	fahren – fuhr – gefahren
eat – ate – eaten	essen – aß – gegessen
fall – fell – fallen	fallen – fiel – gefallen
feel – felt – felt	fühlen – fühlte – gefühlt
find – found – found	finden – fand – gefunden
fly – flew – flown	fliegen – flog – geflogen
forget – forgot – forgotten	vergessen – vergaß – vergessen
get – got – got	bekommen – bekam – bekommen
give – gave – given	geben – gab – gegeben
go – went – gone	gehen – ging – gegangen
have – had – had	haben – hatte – gehabt
hear – heard – heard	hören – hörte – gehört
hide – hid – hidden	verstecken – versteckte – versteckt
is – was – been	ist – war – gewesen
keep – kept – kept	halten – hielt – gehalten
know – knew – known	wissen – wußte – gewußt
leave – left – left	lassen – ließ – gelassen
lend – lent – lent	leihen – lieh – geliehen
let – let – let	lassen – ließ – gelassen
lose – lost – lost	verlieren – verlor – verloren
make – made – made	machen – machte – gemacht
mean – meant – meant	meinen – meinte – gemeint
meet – met – met	treffen – traf – getroffen
pay – paid – paid	bezahlen – bezahlte – bezahlt
put – put – put	stecken – steckte – gesteckt
read [i:] – read [e] – read [e]	lesen – las – gelesen
ring – rang – rung	anrufen – anrief – angerufen

run – ran – run   laufen – lief – gelaufen
say – said – said   sagen – sagte – gesagt
see – saw – seen   sehen – sah – gesehen
sell – sold – sold   verkaufen – verkaufte – verkauft
send – sent – sent   schicken – schickte – geschickt
show – showed – shown   zeigen – zeigte – gezeigt
shut – shut – shut   zumachen – zumachte – zugemacht
sing – sang – sung   singen – sang – gesungen
sleep – slept – slept   schlafen – schlief – geschlafen
speak – spoke – spoken   sprechen – sprach – gesprochen
spend – spent – spent   verbringen – verbrachte – verbracht
steal – stole – stolen   stehlen – stahl – gestohlen
take – took – taken   nehmen – nahm – genommen
tell – told – told   sagen – sagte – gesagt
think – thought – thought   denken – dachte – gedacht
understand – understood – understood   verstehen – verstand – verstanden
wear – wore – worn   tragen – trug – getragen
win – won – won   gewinnen – gewann – gewonnen
write – wrote – written   schreiben – schrieb – geschrieben

Erklärung der Lautschrift

[ʌ]	kurzes *a*, etwa wie in dt. *matt*	bus [bʌs], run [rʌn]
[ɑ:]	langes *a*, ctwa wie in dt. *lahm*	last [lɑ:st], park [pɑ:k]
[aɪ]	etwa wie in dt. *Eis, fein*	my [maɪ], nice [naɪs]
[aʊ]	etwa wie in dt. *Frau, Haus*	out [aʊt], how [haʊ]
[æ]	mehr zum *a* hin als dt. *ä* in *Wäsche*	back [bæk], stand [stænd]
[e]	*ä* wie in dt. *hätte, Mäntel*	red [red], best [best]
[eɪ]	klingt wie *äi*	late [leɪt], name [neɪm]
[eə]	*ä* wie in dt. *Bär*, dann zu [ə] gleiten	air [eə], where [weə]
[ə]	kurzes, unbetontes *e*, etwa wie in dt. *grüßen, bitte*	about [ə'baʊt], member ['membə]
[əʊ]	von [ə] zu [ʊ] gleiten	so [səʊ], road [rəʊd]
[ɜ:]	etwa wie in dt. *Körner* (aber ohne *r*!)	learn [lɜ:n], word [wɜ:d]
[ɪ]	kurzes *i* wie in dt. *Mitte, billig*	it [ɪt], film [fɪlm]
[ɪə]	von kurzem [ɪ] zu [ə] gleiten, kürzer als in dt. *hier*	near [nɪə], here [hɪə]
[i:]	langes *i*, etwa wie in dt. *nie, Liebe*	please [pli:z], see [si:]
[ɒ]	kurzes offenes *o*, etwa wie in dt. *Gott*	not [nɒt], long [lɒŋ]
[ɔɪ]	etwa wie in dt. *neu*	boy [bɔɪ], join [dʒɔɪn]
[ɔ:]	langes offenes *o*, etwa wie in dt. *Korn* (aber ohne *r*!)	all [ɔ:l], north [nɔ:θ]
[ʊ]	kurzes *u*, etwa wie in dt. *Mutter*	book [bʊk], good [gʊd]
[ʊə]	kürzer als in dt. *Kur*	sure [ʃʊə], tour [tʊə]
[u:]	langes *u*, etwa wie in dt. *Schuh*	who [hu:], school [sku:l]
[ŋ]	wie in dt. *lang, Ding*	wrong [rɒŋ], thing [θɪŋ]
[r]	nicht rollen! Zunge an den Gaumen und leicht zurückbiegen	right [raɪt], friend [frend], carry ['kærɪ]
[s]	wie in dt. *reißen, wissen*	say [seɪ], bus [bʌs]
[z]	wie in dt. *reisen, lesen*	busy ['bɪzɪ], please [pli:z]
[θ]	wie *ß* in dt. *Faß*, aber gelispelt	thing [θɪŋ], both [bəʊθ]
[ð]	wie *s* in dt. *satt*, aber gelispelt	that [ðæt], with [wɪð]
[ʃ]	wie in dt. *Schule, Tisch*	shop [ʃɒp], fresh [freʃ]
[ʒ]	wie in dt. *Garage, Loge*	television ['telɪvɪʒn]
[v]	wie in dt. *Wein, Violine, Visum*	visit ['vɪzɪt], love [lʌv]
[w]	nicht wie dt. *w*! Mit vorgestülpten Lippen gebildetes kurzes *u*, von dem man schnell zum nachfolgenden Laut übergleitet	well [wel], what [wɒt], always ['ɔ:lweɪz], quite [kwaɪt]
[']	steht vor stark betonter Silbe	conversation [kɒnvə'seɪʃn]